U0604711

作者简介

郭彬彬 博士，中国传媒大学外国语学院副教授，中国意大利语教学研究会理事，研究专长为外语教学、语篇分析，主讲课程有意大利语笔译、意大利语口译交替传译、意大利社会与文化、欧洲文明史等。主持意大利相关科研项目多项，发表学术论文十余篇；翻译译著五十余万字，译著《海里有鳄鱼》《天空之城——风中群岛》等。参与国家社会科学基金等省部级科研项目研究工作，入选"北京市高等学校青年英才计划"。

本研究依托项目：2016年中国传媒大学校级科研培育项目——《批评认知语言学在英意新闻语篇中的理论与应用研究》（项目编号CUC16WT07）

郭彬彬◎著

批评认知视角下的
环境新闻语篇话语
策略研究

人民日报学术文库

人民日报
出版社

图书在版编目（CIP）数据

批评认知视角下的环境新闻语篇话语策略研究／郭彬彬著．—北京：人民日报出版社，2017.4

ISBN 978－7－5115－4665－4

Ⅰ.①批⋯ Ⅱ.①郭⋯ Ⅲ.①新闻语言—研究 Ⅳ.①G210

中国版本图书馆 CIP 数据核字（2017）第 073980 号

书　　名：批评认知视角下的环境新闻语篇话语策略研究

著　　者：郭彬彬

出 版 人：董　伟

责任编辑：林　薇　张炜煜

封面设计：中联学林

出版发行：人民日报出版社

社　　址：北京金台西路 2 号

邮政编码：100733

发行热线：（010）65369509　65369527　65369846　65363528

邮购热线：（010）65369530　65363527

编辑热线：（010）65369514

网　　址：www.peopledailypress.com

经　　销：新华书店

印　　刷：北京欣睿虹彩印刷有限公司

开　　本：710mm×1000mm　1/16

字　　数：169 千字

印　　张：14

印　　次：2017 年 5 月第 1 版　2017 年 5 月第 1 次印刷

书　　号：ISBN 978－7－5115－4665－4

定　　价：68.00 元

前　言

本文以批评话语分析和认知语言学理论框架为基础，采用定量与定性研究相结合的研究方法，探索环境语篇研究的新视角。批评话语分析研究发展的新趋势是将批评话语分析（Critical Discourse Analysis，简称 CDA）的认知取向作为研究对象的理论考虑（参见 Hart 2011，2014 等）；新媒体时代的到来对纸媒的冲击和国内外环境问题的涌现是本项研究选择环境新闻语篇作为研究对象的现实动力。基于这些因素，本文确立了以下研究目标：构建一个基于批评认知视角的语篇分析框架，在纸媒环境话语中，（一）描述环境语篇的语言特点，探究环境新闻语篇的认知基础；（二）运用认知语言学的理论框架，分析环境新闻语篇的认知机制与话语策略，阐释语篇中蕴含的语言与意识形态意义；（三）通过解读环境新闻语篇，归纳具有认知话语分析特点的批评性语篇分析模式。围绕这些目标，本文回顾了 CDA 与认知语言学的融合，以及环境语篇分析领域的相关研究，在认知语言学框架内，揭示环境新闻语篇生成及意义解读机制，展现媒体报道环境事件所倡导的价值观念，管窥语篇背后的隐性话语，力图对批评认知语言视角下的语篇分析模型进行细化和修补。

迄今为止，对于新闻语篇的批评性分析主要依托传统的系统功能语言学研究方法，对新闻语篇的结构、修辞策略以及两者所体现意识形态进行分析（Van Dijk, 1988）。本世纪初，认知科学的兴起为 CDA 研究拓展了视野。CDA 的传统研究主要是基于 Halliday 的系统功能语法理论。Chilton（2005）和 Hart 指出认知科学特别是认知语言学可以为批评话语分析提供有意义的分析框架（Hart, 2005）。作为语言分析的一种框架，认知语言学中的诸多理论可以为 CDA 提供一个工具箱，用于识别和分析新闻语篇所操纵的语言和意识形态关系。运用批评认知的视角解读语篇是当前 CDA 领域研究的前沿。本课题语料主要选自中国和意大利主流纸媒的环境新闻报道，在跨语言语料的基础上进行研究，以认知语言学中概念转喻和隐喻、概念整合作为大的理论背景和基础，将其运用于环境新闻语篇的批评性分析中，分析语篇生成者使用的特定话语策略，解读蕴含在语篇背后的意识形态意义，为解读环境语篇提供一种具有认知话语分析特点的研究范例。

　　本文分六章。第一章为绪论，介绍研究的背景、研究对象和目标、研究方法、研究意义和创新性。第二章是文献综述与理论基础，从 CDA、认知视角下的 CDA 和环境新闻语篇三个维度概述国内外研究现状。在此基础上，阐释了本文的理论基础。第三章将具体从认知语言学理论中的概念隐喻、概念转喻和概念整合的视角对环境语篇展开分析，在此基础上阐释环境新闻语篇的认知机制。第四章将从认知的角度对环境新闻语篇采用的话语策略进行分析和归纳，重点分析微观话语策略。第五章试图建构起环境新闻语篇分析的模型，阐述了认知机制与话语策略的关系，特别是将话语策略分为宏观话语策略和微观话语策略。第六章是研究发现和结语，总结本研究的初步结论及构建的语篇分析模型，提出研究不足和进一步要探讨的问题。

目　录
CONTENTS

表目录

图目录

1 绪 论

1.1 研究缘起

批评话语分析（Critical Discourse Analysis，简称 CDA）作为研究话语的一个发展阶段已经有三十多年的发展历程，自 20 世纪 70 年代兴起至今，形成了一套完善的理论分析框架。与传统的话语分析不同，CDA 关注语言及其背后表达的意识形态关系，旨在研究社会中的不平等现象是如何通过语言来实现的，探索语篇背后的意识形态和身份作用的方式，以最终消除社会不平等现象（van Dijk 2001a：352）。

兴起于 20 世纪 70 年代的 CDA 研究，在语言学领域的发展经历了不同研究路向。首先，传统的 CDA 研究聚焦于语言分析层面，以 Halliday 的系统功能语言学为基础，通过分析语篇的情态特征、及物性、语气等特点来解释语篇的意义（Thopmpson 2004：45 – 178）。在批评语言学传统研究路向中，Fowler、Kress 和 Hodge 采用系统功能语言学的理论和分析方法阐释社会语篇中的意识形态问题；以

Fairclough 为代表的社会符号（socio - semiotic）研究路向，以系统功能语言学为基础，兼收社会学和意识形态批评理论的观点研究语篇，重视对语篇互文性的分析（辛斌，2012）；20 世纪 90 年代，认知科学的兴起为 CDA 研究拓宽了视野，CDA 的研究呈现出跨学科的趋势。由于传统 CDA 研究局限于应用系统功能语法对语篇进行分析，缺乏认知的理解，认知能够为语篇分析提供更广阔的视角，更好地为语言特征和语言策略提供专业的解释。van Dijk 从社会认知（socio - cognition）的角度研究了语篇中民族歧视和不平等的问题，构建了话语、认知和社会的分析框架，该研究路向代表了 CDA 新的发展趋势，正是在这种背景下，国内外很多学者纷纷提出建立批评认知语言学这一跨学科研究（van Dijk，2003；Wodak，2006；Hart，2008，2011；Chilton，2005；周红英，2014；张辉、江龙，2008等），主张 CDA 需要引入认知视角，形成将 CDA 与认知语言学相融合的研究路径。对认知语言学的研究路径来说 CDS 研究的核心问题是强制（coercion）和操纵（manipulation），语篇生成者（Text Producer）为了达到强制（coercion）和语言操纵（linguistic manipulation）的目的，会采取各种话语策略，而这些话语策略的实施必然会涉及语言的认知和理解过程。认知话语分析是 CDA 进入 21 世纪以来最重要的发展方向之一（辛斌、高小丽，2013），从批评认识的视角对语篇进行解读是目前国外 CDA 研究的前沿和热点。

迄今为止，对于新闻语篇的批评性分析也取得了丰硕成果，从最初基于传统的系统功能语言学研究方法对新闻语篇的结构、修辞策略以及两者所体现意识形态进行研究，到本世纪初将认知语言学理论框架融入 CDA 的研究中。目前对语篇的批评性分析绝大部分聚焦在政治语篇、媒体话语、公共政策等大众语篇和官方话语层面，还有一些重要的话题研究如：讨论种族歧视的移民语篇（immigration

discourse）、讨论性别歧视的女性语篇研究等。而对健康和疾病语篇
（health and illness discourse）、环境语篇（environmental discourse）以
及非文学领域的个人话语和边缘语篇（marginal discourse）的研究相
对较少，而跨语言的分析更是不多见。从语篇的研究对象来说，本文
研究的是新闻语篇中的环境语篇，即环境新闻语篇（Environmental
News Discourse）。运用批评认知语言学的视角对新闻语篇进行解读是
近年来 CDA 研究的趋势和新增长点，也是本文的主要贡献。

1.2 研究内容和思路

20 世纪 90 年代，全球生态危机使人类生存和发展问题变得十分
严峻。学科使命感和社会责任感促使语言学家思考这样的问题，在
生态环境问题中，语言、语言学、语言学家是否应该有所作为（范
俊军，2005）。Halliday（1990/2001）在国际应用语言学大会上，倡
导语言学家们关注 21 世纪的环境问题。Muhlhausler（2003）也鼓励
语言学学者们为环境研究做出贡献。

本课题选取近年来新闻报道中的环境语篇作为研究对象。首先，
选取环境新闻语篇有三个方面考虑：一是近年来各国政府和民众越
来越重视环境保护，大量环境新闻语篇的出现引发了广泛的社会关
切，值得对其进行批评性分析，关注环境并对环境语篇进行深入分
析是一个语言学者应有的人文关怀。二是考虑到如今环境话语已成
为一个相对稳定的语类，环境语篇分析（Environmental Discourse
Analysis，简称 EDA）主要研究语言学视角中有关语言与环境之间的
关系（e.g. Bang et al, 2007; Fill, 1996, 2001; Fill and Muhlhau-

sler，2001；Muhlhausler，2001a，2001b，2003）。对环境语篇这一语类进行分析可以解释生态意识如何通过语言结构来实现对社会的某种操纵和控制（范俊军，2005）。以往对 EDA 的研究是基于系统功能语言学以及 CDA 理论框架的，而从认知的视角对环境语篇进行批评性分析的研究非常之少。通过对语篇的批评认知分析可以了解中西方社会在共同关注的环境问题中所体现的交际模式、社会结构、思维方式和语言系统方面的差异。三是考虑到，以批评话语分析框架和认知语言学相关理论结合的研究方法已经成为 CDA 的一个重要发展趋势，CDA 的认知取向为新闻语篇分析注入了新的活力，国内外学者运用批评认知语言学理论分析语篇的成果为本研究提供了宝贵借鉴。为此，本研究将环境新闻语篇作为研究对象。选取近五年（2010 年至 2015 年）意大利《晚邮报》（*La Corriere Della Sera*）、《24 小时太阳报》以及《中国环境报》中意官方纸媒发布的环境新闻报道为考察对象，在意汉跨语言资料的基础上进行案例研究。

　　本研究的个案研究主要是建立在意汉环境新闻语篇的案例研究，语料来源选取汉语和意大利语主要是考虑到：首先，汉语是笔者的母语，意大利语是笔者的工作、学习及教学中使用的语言，专业背景是意大利语，因此个案研究的语料选取应突出专业优势。第二是考虑到目前国内研究，通过考察意大利语国内专业的硕士点及教学、科研情况，发现国内做意大利语语篇研究的寥寥无几，特别是应用国外最新的理论结合语篇研究的不多，所以本选题在国内意大利语语言研究方面能够弥补一定的空白。第三是考虑到中意两国近年来环境问题凸显，环境新闻报道数量可观，语料丰富，适合作研究。值得从语言学角度进行研究。

　　研究建立在跨语言资料基础上，选取的语料虽然是意大利语和汉语，但其他语言同样适合，因为本文是基于批评认知的话语分析方法，主要是分析语篇背后的语言、权力与意识形态关系，此方法适用于任何语言，研究的结论及归纳的批评认知语篇分析模式也将适用于其他语言。

本研究理论框架主要建立在CDA与认知语言学理论相结合的基础上，将认知语言学中的一些基本观点和理论假设运用于环境新闻语篇的批评性分析，解读其作为特定话语策略所包含的意识形态意义。从批评认知的视角对环境新闻语篇中的话语策略进行分析，旨在探索隐藏在环境新闻语篇中的认知机制与话语策略；透视话语背后的权力和意识形态意义。并希望证明批评认知语言学理论在分析新闻语篇中的价值，为解读环境新闻语篇提供一种具有认知话语分析特点的研究模式。

1.3　研究方法

1.3.1　认知语言学和话语分析的方法

本文主要的研究方法有文献法、话语分析法和认知语言学研究方法。兼顾定量研究与定性研究。就文献法而言，在研读国内外批评话语分析、认知语言学理论等相关文献的基础上，本研究进行梳理、概括和分析，力图归纳出基于批评认知语言学的话语分析模型的理论架构；就话语分析方法而言，主要运用认知语言学的研究方法，从认知理论框架出发，通过对相关语料的观察，试图发现意汉新闻语篇的认知机制和语篇特征，进而在个案分析的基础上，进行理论概括，然后提炼出基于批评认知语言学的话语分析模型；就语料采集方法而言，本研究在语料的提取和处理上，采取的是自然观察法和人工提取法。总之，本研究采用的认知语言学研究方法与定性研究有相同之处，需要人的主观经验和主观意识，而本研究在语料研究上又涉及定量研究，在广泛的语料中，进行归类和总结，进而量化。换言之，本研究整合了定量研究与定性研究。

1.3.2　定量与定性相结合的研究方法

通过对选取语料的批评认知分析，可以窥见不同媒体对同一环境事件的态度，探讨它们之间的共性交集和个性范畴，分析这些新闻所采用的话语策略以及潜在意识形态方面的差异，为建立批评认知语篇分析的理论提供更为有力的，甚至是独特的依据。基于在线数据语料库，采用定量与定性相结合的研究方法，有利于我们从海量的语料中查询适合本研究的语料，同时也便于本研究进行量化分析和统计。

本研究语料收集的中文部分主要来自《中国环境报》在线数据库。该报从2014年开始在"中国环境网"网站启动了图文数据库板块，收录了近年来全部图文报道信息，配备全文检索系统，可以通过关键词、日期、标题等不同途径进行检索。2010年之前的新闻由于目前没有现成的数据库，需要查询中国环境报社每年发布的新闻缩印本获取。以上这些都为本研究提供了丰富的环境语篇语料和数据。

选择《中国环境报》的原因有两个考虑。一是语料来源权威，《中国环境报》属于国家官方权威媒介，是全球第一份国家级的专门从事环保宣传的报纸，具有极高权威性、政策性和指导性的意识形态载体。新闻采编的整体实力强，稿件质量好，写作规范，适合用作语言研究。二是语料信息齐全，语料丰富。《中国环境报》是国家级媒介，信息覆盖全国，内容丰富，又是致力于环境新闻报道的独家媒介，有助于研究多种环境事件的语料。

本研究语料收集的意大利文部分主要依靠《晚邮报》（*La Corriere Della Sera*）和《24 小时太阳报》（Il Sole 24 Ore）在线数据库。数据库可通过关键词搜索到相关新闻，并能对新闻的发生地、年份、进行自动分类。选取意大利《晚邮报》《24 小时太阳报》作为语料的原因有三个，一是考虑到两份报纸的权威程度和销量都是意大利最高的，两份报纸在意大利拥有稳定的读者群，从媒体话语权和信息传播效度来说也最具权威。二是考虑到语料信息面。两份报纸均有网络版数据库，数字化程度高，方便获取数字报信息，检索相关主题语篇。语料所涵盖的信息广，语料数量丰富，抽样空间大。三是两家纸媒分属意大利政党左派和右派，与政党的联系紧密，可以更好地洞悉语篇背后的权力与意识形态关系。

在语料的分类处理方面，我们从上述语料来源中收集、筛选环境新闻语篇作为研究对象。其中，《中国环境报》在线数据库共选取150 篇新闻报道。通过定性分析环境新闻语篇的主题内容，把拟收集的语篇聚焦在："环境保护""可持续发展"等几个关键词，再通过仔细阅读将每个语篇进行分类，共分成 10 个主题词子类：雾霾、大气污染、城市治理、交通拥堵、环境旅游、生态建设、环保科普、环保产业、资源与能源保护和政策法规解读。而后拟从收集的总样本中按照30% 的比例随机抽取 45 篇小样本用于具体分析。同样，研究选取了《晚邮报》《24 小时太阳报》在线图文数据库120 篇新闻报道，通过定性分析语篇主题内容，将语料分成 7 个子类：雾霾（smog）、大气污染（atmosfera inquinamento）、污染排放（emissioni inquinanti）、世博会环境旅游（EXPO turismo ambientale）、食品安全（sicurezza alimentare）、环保产业（Industria ambientale）、环境政策法规（norme ambientale）。而后拟从收集的总样本中按照 40% 的比例随机抽取 48 篇小样本用于具体分析。语料所涉及的主题及来源见表 1 和表 2：

表 1　汉语环境新闻语篇语料来源

新闻主题	篇数	语料来源
雾霾	60	《中国环境报》
大气污染	15	
城市治理	18	
交通拥堵	15	
环境旅游	15	
生态建设	5	
环保科普	6	
环保产业	5	
资源与能源保护	5	
政策法规解读	6	
合计	150	

表 2　意大利语环境新闻语篇语料来源

新闻主题	篇数	语料来源
雾霾（smog）	45	《晚邮报》（意）；《24 小时太阳报》（意）
大气污染（atmosfera inquinamento）	15	
污染排放（emissioni inquinanti）	10	
世博会环境旅游（EXPO turismo ambientale）	30	
食品安全（sicurezza alimentare）	10	
环保产业（Industria ambientale）	5	
环境政策法规（norme ambientale）	5	
合计	120	

　　研究选取报刊新闻语料做个案分析,语料涉及的范围限定在
2010 年至 2015 年间,主要考虑到环境新闻语篇的生成和理解是一个
复杂、动态的过程,适合从历时的角度对主题的发展和变化进行考
察。例如:哥本哈根世界气候大会的召开、美国提出减少温室气体
排放的政策,使得大气污染主题的语料在 2009 年达到一个峰值。再
如:近年来出现的雾霾现象使得雾霾污染和"climategate"成了新闻
热点,2015 年意大利举办 EXPO 世界博览会主题为"滋养地球,为
生命加油",2013 年至 2015 年以雾霾和环境旅游为主题的新闻在中
意媒体报道达到峰值。

　　在语料类型方面,语料的新闻类型包括报刊社论、头条新闻和
新闻评论等不同形式的新闻语料。语料所涉及的内容均为近年来环
境新闻中的热点问题,反映了国内外真实环境状况,具有代表性和
时效性。

　　在语料提取方面,汉语语料依据《中国环境报》2010 年至 2015
年在线数据库,通过主题词检索共提取十种出现频率最高的环境主
题相关新闻,合计 150 个环境新闻语篇。意大利语语料部分通过
《晚邮报》与《24 小时太阳报》在线数据库检索,共提取七种出现
频率最高的环境主题新闻,合计 120 个环境新闻语篇。

1.4　研究意义

　　批评语言学阐释意识形态是如何被传达的。认知语言学作为一
个理论框架可以与 CDA 相互融合和借鉴,解释语篇意识形态的传
达。认知语言学的理论分析框架可以增加 CDA 的分析范畴和分析效

度。本研究兼具理论和实践意义。

1.4.1 理论意义

（一）本文在批评话语分析与认知语言学相结合的理论基础上，突破传统批评话语分析特别重视社会学的角度，而对语篇的认知视角不够的局限性。本课题研究视角新颖，代表了批评话语研究（Critical Discourse Studies，简称 CDS①）的最新发展方向。基于批评认知视角的批评话语研究是国外 CDS 研究的最新研究热点，近年来，国内外的相关文献很多，引起了广泛关注。本文就是在上述背景下，应用相关的前沿的研究理论，对环境新闻语篇的一次应用研究，并对原有的批评认知语言学研究模式进行细化和修补。

（二）就研究对象而言，本文尝试对意大利语新闻语篇进行研究，将认知语言学的基本理论和方法运用于环境新闻语篇的批评分析，解读环境新闻语篇组织和表达背后的认知机制，揭示其作为特定话语策略所包含的意识形态意义。

（三）通过对纸媒新闻报道中环境语篇的话语策略进行分析，探讨语篇背后的隐性话语，揭示语篇生成者如何通过话语策略来实现操纵目的，凸显环境语篇背后的意识形态差异，有助于提高我国公众对环境语篇的社会认知。

1.4.2 实践意义

（一）在以往 CDA 的认知视角研究中，语篇的选择多为政治语篇和官方话语，以及媒体机构话语和公共政策等，而对反映社会问题的社会语篇，如环境语篇、健康和疾病语篇、移民语篇等关注较

---

① CDS 比 CDA 的学科涵盖范围更广。

少。本文选取环境新闻语篇作为研究对象，是基于近年来环境问题的凸显，研究环境新闻语篇可以让 CDA 更多地关注社会问题中的环境问题。此外，本文也将验证批评认知语言学对环境新闻语篇的解释力，证明批评认知语言学对不同语篇的解释力。

（二）论文采用跨语言个案研究，全面揭示环境新闻语篇的语言特征，揭示环境新闻语篇的认知策略所包含的意识形态意义，以期引发公众对环保问题的重视，研究成果可以为批评认知话语分析、语篇语言学、新闻传播等学科提供参考。

（三）论文所收集的意汉环境新闻语篇可以作为意大利语报刊阅读教学的珍贵语料。通过对意汉语篇的对比分析，不仅能够让学生学习意大利语报刊新闻的语言特点，而且可以培养学生解读隐含在语言中的意识形态意义，了解语言的社会功能和语篇所承载的社会意义。

1.5　研究框架

本研究共分为六章。

第一章是绪论，介绍研究背景、研究问题及思路、研究方法、研究意义、研究创新和研究框架。介绍 CDA 的发展路径，分析 CDA 与认知语言学相融合的必要性，拟从认知话语分析的视角对环境新闻语篇进行解读，简介研究方法、研究思路，搭建研究框架。第二章是文献综述与理论基础。本章从 CDA、认知视角下的 CDA 和环境新闻语篇三个维度概述国内外研究现状，并对研究的理论基础进行详述。第三章将具体从认知语言学理论中的认知隐喻和转喻、概念整合的视角对语篇展开分析，在此基础上阐释环境新闻语篇的认知基础和认知机制。第四章将从认知的角度对环境新闻语篇采用的话语策略进行分析和归纳。第五章将对 EDA 的认知机制与话语策略之间的关系进行论述，试图建构批评认知视阈下的环境新闻语篇认知机制与话语策略互动关系模型。最后第六章是结论，提出本文的初步结论和研究不足，指出后续研究的方向。

2 文献综述与理论基础

批评话语分析自登入历史舞台以来，一直是国内外语言学研究的热点之一。近年来国内外学者纷纷运用批评话语分析（Critical Discourse Analysis，简称CDA）解析语篇与社会，取得了丰硕的研究成果。语言学中有关CDA的分析路径存在多样化、跨学科的特点。有关CDA的研究方法、研究路径、研究范围也存在不同的学术声音。本研究立足于CDA的研究发展历史与现状，结合认知语言学研究的新视角，选取环境新闻语篇作为研究对象，对环境新闻语篇的认知机制进行解读，分析语篇所采用的话语策略，从批评认知的角度构建环境新闻语篇的分析模型。有鉴于此，本章主要从CDA、认知视角下的CDA和环境新闻语篇三个角度进行文献综述。

2.1 批评话语分析研究

2.1.1 国外CDA研究综述

批评话语分析是从批评语言学发展而来的。批评语言学以《语言与控制》（*Language and Control*）（Fowler et al. 179）和《作为意识形态的语言》（*Language as Ideology*）（Kress and Hodge，1979）两本书的出版为标志。批评语言学将语言与社会相联系，试图通过语言结构解释语言所表达的社会意义，的是早期社会语言学的批判。1989 年 Fairclough 在著作《语言和权力》中第一次解释了批评话语分析的概念，从此，批评语言学从属于批评话语分析。在 20 世纪 70 年代，受 Halliday 语言学理论的影响，批评语言学一直将系统功能语法作为文本分析最重要的依据（Wodak，2001：3），主要通过分析语篇的语言特征来考察语言背后的意识形态意义。到了 20 世纪 80 年代，随着 CDA 概念的提出，CDA 从批评视角研究话语达到了一个新的历史阶段，其中 Fairclough、Wodak、van Dijk 等人的语言学理论著作出版，标志着 CDA 的最终确立，如：费尔克劳（1989）的著作《语言与权力》（*Language and Power*）、沃达克（Wodak，1989）的《语言、权力与意识形态》（*Language，Powerand Ideology*）以及范代克（van Dijk，1984）的《话语中的歧视》（*Prejudice in Discourse*）。20 世纪 90 年代以来，CDA 的研究领域不断拓展，受到社会学、人类学、认知语言学、认知心理学、语料库语言学的影响，逐渐发展为跨学科的研究领域。

CDA 的研究自 20 世纪 70 年代末进入语言学研究视野以来，在近三十年的发展历程中取得了长足的进步，学术影响深远。van Dijk 于 1990 年创办了 CDA 第一本学术期刊《话语与社会》（*Discourse & Society*），随后国际学术专著和论文层出不穷，一些语言学家开启了 CDA 的研究热潮。1991 年 van Dijk、Fairclough、Kress 和 Wodak 在荷兰召开了阿姆斯特丹会议，讨论 CDA 的理论和研究方法，是 CDA 确立的第一次国际学术会议，具有里程碑意义。

在话语批评的理论和方法方面，一些语言学家从不同的路径对语篇与社会之间的关系进行研究。从语篇中的语言结构入手，揭示语言背后蕴含的语言、权力和意识形态之间的关系（辛斌、高小丽，2013）。在内容方面，CDA 强调语篇生成者的立场在研究话语在意识形态关系中的作用，语言与社会之间并非直接建立起联系，需要分析错综复杂的语篇与社会之间建立起间接联系的因素（van Dijk，1993，2001a），运用不同的话语分析模式阐释话语的秩序，以及社会认知过程。

目前涉及话语批评的理论和方法有很多，主要集中在以下几个方面：批评语言学模式（如 Fowler、Kress & Hodge）、社会符号（socio-semiotic）分析模式（如 Fairchough）、话语—历史分析模式（如 Wodak）、社会认知模式（如 van Dijk）、认知语言学模式（如 Chilton）。CDA 不是单一的理论，而是多维度的研究（Weiss & Wodak，2003：12），这些研究路径从批评的视角研究话语，但从各自不同模式分析语篇与社会之间的关系。

在 CDA 研究的初期，传统的批评语言学话语研究模式以 Halliday 的系统功能语言学为基础，分析语言结构，阐释语篇在社会中的意识形态问题。代表人物是 Fowler、Kress 和 Hodge。该研究路向运用系统功能语法考察语篇中的语言结构，试图从语言的及物性、名词化、情态和语气等特点分析语言的表义功能，透视意识形态是如何通过语言载体反映社会意义的。在理论方面更多借鉴 Halliday 的语言观。Halliday 将言语行为划分为行为层、意义层和语法层三个层次，主张语言研究以语义为基础，这符合批评语言学中语言服务于意识形态的理念。辛斌、高小丽（2013）指出，批评语言学家将系统功能语法中的语域（register）、语境、衔接和连贯的理论运用到语篇分析中，考察语篇结构以及语篇与语境之间的关系，这为批评话语分析者阐释语篇的社会意义提供了理论框架和分析方法。

　　其次，随着批评语言学的发展，1989 年 Fairclough 正式提出
CDA 的概念，逐渐形成了社会符号（socio‐semiotic）模式研究，在
国外话语分析领域产生了深远的影响。与传统的批评语言学分析模
式不同，Fairclough 更注重社会对语篇分析的作用，研究语篇的社会
学分析，在方法论和理论框架上依然以系统功能语言学为基础，同
时吸收了社会学和西方马克思主义权力论以及意识形态批评理论，
如意大利葛兰西（Antonio Gramsci）的霸权理论、法兰克福学派的批
评理论等，兼容具有批评视角的话语分析方法，开启了社会符号
（socio‐semiotic）研究路向。

　　Fariclough（1989：164）提出"成员资源"（Member's Resource，
MR）的概念是一种认知概念，依赖于脚本（scripts）、框架
（frames）和图式（schemata），或多或少与认知语言学的理想化认知
模式（Idealised Cognitive Models，ICMs）类似。Fairclough 对成员认
知资源的阐释借鉴了 Halliday 关于语言三大元功能的理论，提出了
CDA 的三维分析框架（如图 1 所示）：

图 1　Fariclough 的批评话分析三维分析框架（Fariclough, 1992：73）

　　根据他的三维分析框架理论，对语篇的分析离不开对话语实践
过程及其产生的社会语境的分析。"语篇"（text）是"话语实践"
（discursive practice）的产物，这个过程包括语篇的"生成"（pro-
duction）、"传播"（distribution）和"接受"（consumption），这些都

是由特定的"社会实践"（social practice）条件决定的。在此基础上，Fairclough 提出了 CDA 的三个维度：描写（describe）、阐释（interpret）和解释（explain）（辛斌、高小丽，2013），也构成了 CDA 旨在探讨语篇背后语言与意识形态意义之间关系的三维话语分析的模式。

Fairclough（1989：1992a）关注社会文化与话语变迁之间的关系，透视社会在话语秩序建构中的作用。Fairclough（1995）介绍了语篇分析的重要意义，指出 CDA 既研究社会对语篇的作用，也研究语篇对社会的影响，有助于巩固社会结构、确立社会认同。这一时期的 CDA 从多学科角度汲取营养，如社会符号学、社会文化变化研究和话语变迁研究等（Fairclough & Wodak，1997：262 – 268），具有跨学科性。Fairclough 进一步发展了其话语分析的模式，认为话语具有建构知识、社会关系和身份的作用，强调 CDA 包括文本的分析和社会文化语境的分析，其中文本分析又包括语言学分析和互文性分析，将语言分析和社会分析有机结合起来。

再次，CDA 的另一模式研究是"话语—历史"研究模式，代表人物是 Reisigl 和 Wodak。该研究路径注重融合话语产生的背景信息，通过分析说话人的意图和各种语言外因素，特别是话语产生的社会心理、认知和语言等方面，解释公众话语中隐含的社会偏见（辛斌，2007）。Wodak（2001：40）注重语境研究，把语境分为历史背景（宏观语境）、社会环境、篇际语境和篇内语境四个维度，其中历史背景需借助历史学角度分析，社会环境需要依托社会学理论，篇际语境借助语篇语言学理论分析语篇之间的相互关系，篇内语境注重描写和分析语篇的语言学特征，是最微观层面的分析。与 Fariclough 研究路径不同的是，Wodak 更注重从社会实际问题出发，采用话语历史的方法研究社会问题，在研究思路上与 Fariclough 从语篇分析探究社会问题分析的研究思路相反。总而言之，Wodak（2001）对语篇四个语境维度的分析构成了"话语—历史"的分析模式。

最后，CDA 的模式研究还包括"语篇—认知—社会"模式。随着语言学、社会学和认知心理学的发展，CDA 研究面临多学科化。传统的 CDA 研究路径以及"话语—历史"研究路径都不同程度地继承了批评语言学的研究方法（Chilton，2005a：21；Wodak，2001a：8）。随着认知科学和计算机科学的发展，van Dijk 在研究话语的早期阶段就引入了"认知"的视角，认为"认知"是话语与社会之间的媒介。van Dijk（1984）认为社会和语篇的关系不是直接建立的（2001：117），之间存在认知的维度。这一时期 van Dijk 研究中的"认知"指社会实践者与社会所持的价值观念及其心智表征，即认知语境（van Dijk，1998）。在梳理了符号学、文学、语言学、语篇研究、CDA、社会学、心理学、计算机科学等有关语境的研究后，van Dijk（2008，2009）在认知心理学的基础上开创性地提出了"语境模型"的概念。在其构建的语境模型假设中，van Dijk 运用认知心理学中心理模型的"短期记忆"和"长期记忆"解释语境模型的形成过程。van Dijk（1984）认为语境是社会与话语的媒介，主张对社会语境中交际者身份、意图、交际的时间和场所等信息进行分析，考察这些因素对交际者行为的影响，探索认知语境与社会之间的联系。在语境与社会认知关系中，van Dijk 认为意识形态的作用尤其重要，是社会群体所共享的社会表征的基础（van Dijk，2009：81），这些社会表征的重要决定因素就是社会群体的物质和精神需求（van Dijk，1998：8）。van Dijk 的两本著作《话语与语境》（*Discourse and Context*，van Dijk，2008）、《社会与话语》（*Society and Discourse*，van Dijk，2009）奠定了完整的多学科语境理论。van Dijk 从社会认知的角度提出的多学科的话语理论，是对系统功能语法的补充（汪徽、张辉，2014）。Hart（2011：172）认为 van Dijk 的社会认知分析模式没有直接运用认知语言学中的具体理论，但是在研究方法上体现了认知语言学的特点。van Dijk 的社会认知分析模式与认知语言学的研究途径都注重将人的心理表征与语言运用相联系。van Dijk 代表了CDA 新的发展趋势，正是在这种背景下批评认知语言学应运而生。

随着 CDA 研究的深入，其交叉学科的研究性质日益凸显，研究的内涵和外延不断扩大，涵盖语言与权力、意识形态、认同关系等研究话题，学科属性涉及语篇分析、社会语言学、语言社会学等不同学科，CDA 研究也逐渐扩展到批评话语研究（Critical Discourse Study，以下简称 CDS）。同时，CDS 的研究方法和视角也日益多样化，如认知语言学、进化心理学、语料库语言学、语用学、民族志研究（Ethnography study）等研究路径。对认知语言学的研究路径来说（Cognitive Linguistic Approach，以下简称 CLA），CDS 研究的核心问题之一是强制（coercion），而语篇生成者为了达到强制目的，会采取各种话语策略，而这些话语策略的实施必然会涉及语言的认知和理解过程，这个过程往往被概念化。近年来，Chilton（2004）、Dirven et al.（2003）、Hart（2010，2011a，2011b，2014a，2014b）等学者都大力推动了 CDS 中的 CLA 研究路向。

2.1.2 国内 CDA 研究综述

20 世纪 90 年代以来，我国语言学界开启了 CDA 的研究热潮。国内很多学者在 CDA 领域取得了令人瞩目的研究成果，目前 CDA 已成为"全国话语分析研讨会""当代中国新话语国际研讨会"的研究主题之一。我国在该领域的研究涌现出一批专业的学者（如辛斌、丁建新、施旭、田海龙等），在学科领域内掀起了 CDA 的研究热潮。

1996 年辛斌发表论文《语言、权力与意识形态：批评语言学》，系统介绍和阐释国外批评话语分析相关理论。辛斌在 2005 年出版的专著《批评语言学：理论与应用》中详细介绍了语言与权力、语言与意识形态之间的关系，依据系统功能语法介绍了 CDA 的分析方法论。2007 年辛斌在其专著《辛斌语言学选论》的第四编对 CDA 在新闻语篇中转述方式和消息来源进行了深入研究。

田海龙（2008，2009）强调 CDA 对社会的建构作用，指出批评话语分析家在对各类政治话语、媒体话语进行分析研究时，具有社会实践性，在分析语篇的同时，呈现社会现实、构建身份以及社会实践者的社会功能。田海龙（2012a）论证了 CDA 的社会语言学属性。田海龙（2013）进一步延伸了这一论证，提出了一种趋向于质的研究的批评话语分析模式，通过对社会中体现的话语现象进行分析，来更多地关注社会问题。他认为 CDA 的研究既是对话语本身的语言学分析，也是对社会问题的话语分析。2014 年田海龙在专著《批评话语分析：阐释、思考、应用》中回顾了 CDA 的发展历程，对 CDA 的核心概念进行阐释，围绕 CDA 在国内聚焦的两方面研究进行深入思考，一是对 CDA 本身的研究方法争论的思考，另一个是 CDA 如何本土化，如何在中国话语体系中应用。

进入 21 世纪以来，国内很多学者不断拓宽 CDA 的研究视角，如：丁建新（2007b：87）、高小丽（2013）、施旭（2006）、吴宗杰（2012a，2012b）、沈文静和丁建新（2013）、赵芃（2013）等分别从不同侧面和关注的主题对 CDA 的目标、研究方法和动态进行深入研究。例如：吴宗杰（2012a，2012b）将 CDA 运用到文化遗产的研究，拓宽了 CDA 跨学科研究的领域。吴宗杰和余华（2013）基于本土的民族志视角，探索 CDA 与民族志相融合的研究路径，为 CDA 的跨学科研究提供了很好的范例。丁建新和沈文静（2013）将视角转向边缘话语，关注后现代主义的话语分析，论述边缘话语分析的一些基本理论问题，进一步拓宽了 CDA 的研究领域。赵芃（2013）关注 CDA 的话语秩序，以现实社会中的价格垄断问题为例，探讨话语秩序的建构及其存在的问题和挑战。辛斌、高小丽（2013）从宏观的角度重新梳理了 CDA 研究的核心问题、方法论问题以及研究目标。施旭（2006）倡导建立具有中国特色的新话语体系，兼顾中国的历史文化语境，体现跨学科、跨文化的多元视角研究。武建国（2015）综述了 CDA 的最新文献，对 CDA 的基本理念、理论基础和研究方法进行重新思考，为更好地理解和思考这一领域的动态提供了思路。

目前国内的 CDA 研究还面临一些问题，一是对国外研究的介绍和综述较多，结合国内话语实践的研究较少；二是对 CDA 的研究路径中，以话语历史和系统功能语言学的研究比较多，而基于认知角度对 CDA 的研究相对较少；三是应用定量与定性研究相结合的方法对 CDA 研究的文献相对较少。

2.2 认知视角下的 CDA 研究

2.2.1 国外 CDA 认知研究的最新进展

CDA 的研究具有跨学科性、跨文化性。Wodak（2006）认为话语和社会之间的联系不是直接建立的，个人和社会认知在两者之间起到了媒介作用。CDA 研究的初期主要基于系统功能语言学和社会学理论，阐释社会结构中语言的功能，缺乏认知的视角。尽管 van

Dijk 在话语研究中强调了认知是概念，但并没有直接地应用认知语言学的相关理论。认知是许多批评语言学研究中丧失的链接（Chilton，2005：19–52），认知科学特别是认知语言学可以为 CDA 提供一种新的分析方法。

认知语言学与 CDA 具有较大程度的互补性（O'Halloran，2003），认知语言学在阐明 CDA 分析的认知过程方面具有很强的解释力。Chilton（2005）认为如果主流的 CDA 研究如果缺少认知这一链接，将会使得 CDA 的理论存在缺陷。Stockwell（2007）认为 CDA 与认知语言学在理论上存在互补，两者都关注语言现实背后的认知，提出建立批评认知语言学这一分支学科的必要性，并对认知语言学和 CDA 的互补研究提出建议（Stockwell，2007）。在认知语言学与 CDA 两者之间关系方面，CDA 的研究主要是揭示话语和句子是如何表现意识形态的推理性实践的，而 CL 主要研究话语和句子是如何通过概念隐喻来进行思想表达的，或者通过话语和句子所构建的心理空间和概念整合网络来表达人们的思想，包括隐含的意义等（Lakeoff & Johnson，1980；Fauconnier & Turner，2002；转引自张辉、江龙，2008）。

A. Goatly（2007）在其著作 Washing the Brain 一书中提出应在认知隐喻研究与 CDA 之间建构桥梁，提出了"批评隐喻分析"（Critical Metaphor Analysis）的概念（Charteris–Black，2005：26–29）。批评隐喻分析是通过对任何一种语言的词汇和语法的隐喻模式的研究来呈现和塑造意识形态和社会实践（Goatly，2007：21）。Goatly 认为 Washing the Brain 一主要讨论的是概念隐喻及其产生的意识形态，并证明其产生的行为（Geertz，1973：209–213，Fairclough，1989，Gibbs，1999，Mey，2006）。这本书的目的是解释潜在的意识形态意义是如何通过隐喻影响个体行为的，这些行为包括个体行为、社会行为、环境行为以及政治行为（Goatly，2007：49）。Goatly（2007）还对自建语料库中的概念隐喻进行批评性分析，讨论了隐喻是如何反映出意识形态的。

Balkin 在其著作 Cultural Software 一书中讨论了 CDA 与 CL 的关联性，认为隐喻作为意识形态的一种认知工具，可以生成意识影响。他强调应该在话语分析和意识形态分析中充分考虑认知和心理的需要（Balkin，1998：112 - 113，243 - 248）。在这本书中，作者还讨论了传统 CDA 与传统 CL 的融合问题。

Polzenhagen 和 Wolf 讨论了认知语言学和 CDA 的关系，把 van Dijk（2002）对"意识形态"的研究与概念隐喻的研究整合起来，辩证地分析了德国纳粹意识形态的特点，并在结论中指出认知语言学为意识形态的批判性评估提供了有效的分析工具（Polzenhagen & Wolf，2005；转引自张辉、江龙，2008）。

CDA 的认知取向体现了跨学科研究，是批评话语分析学科发展的趋势。认知语言学为 CDA 的研究注入了新的活力，可以更好地解释社会不平等的话语构建，从认知的视角对语篇进行批评性分析已经逐渐成为 CDA 研究的新趋势和新热点。这一研究领域的代表人物包括：van Dijk（200b，2008，2009，2012）、Chilton（2002，2004，2005）、Lemke（2002）、Scollon（2004）、O'Halloran（2003，2005）、Wodak（2006）、Chilton et al（2012）、Hart（2005，2007，2008，2010，2011，2013，2014）等。其中 Chilton 和 Hart 的认知话语分析研究尤其引人注目，代表了国际学界的前沿。CDA 的认知研究呈现出不同视角，如 van Dijk 的社会认知模式研究，Chilton 的批评认知语言学研究、Hart 的进化心理学和认知语言学视角研究，以及 CDA 的认知语用研究等。

近年来，在上述 CDA 的认知视角研究中，Chilton 做出了很多贡献。Chilton（2005：19 - 52）认为认知是许多批评语言学研究中丧失的链接（missing link）。与 van Dijk 的 "认知" 视角不同，Chilton 运用了认知语言学中的具体理论，从语篇分析的角度研究社会和政治活动，研究人们运用语篇实施社会和政治活动的内在认知机制。Chilton（2004）在政治语篇的研究中大量运用认知语言学的理论研究成果，如：话语空间理论（discourse space theory）、概念隐喻理论、概念整合理论（conceptual blending）等分析方法。Chilton 在的 CDA 的研究融入了 CLA 理论，体现了跨学科性。

　　Hart 是兰卡斯特大学博士，他近年来独著或与人合编了多部关于话语研究的著作（Hart 2010，2011，2014a、b），是这个领域比较活跃的年轻学者之一，2013 年还来中国参加了第五届 "当代中国新话语" 国际学术研讨会，并做主旨发言［见李曙光、周萍（2013）关于会议的评述］。Hart 大力推动 CDS 中的 CLA 研究路向。Hart（2005）和 Chilton（2004）分别论证了认知语言学中的概念隐喻在 CDA 中的作用，为揭示政治语篇中的心理表征提供了有用的分析工具（Hart，2005，2007，2008）。Hart & Lukeš 于 2007 年合编了论文集《批评话语分析中的认知语言学：应用和理论》，同时 Hart 作为主编于 2007 年创办了国际学术期刊《跨学科下的批评话语研究》。Hart & Lukeš（2007）在研究中还发现了四种话语策略，分别是指称策略（referential strategies）、评价策略（evaluative strategies）、合法化策略（legitimizing strategies）和否定策略（denial strategies）（Hart & Lukeš，2007）。这些话语策略与话语结构都有密切联系（转引自张辉、江龙，2008）。2010 年 Hart 出版了专著《批评话语分析与认知科学：移民语篇研究新视角》（*Critical Discourse Analysis and Cognitive Science*）。2011 年 Hart 又编辑出版了这本论文集。Hart 在 2011 年发表著作《语境和认知中的批评话语研究》，围绕 CDA 的不同研究视角进行深入探讨，如认知语用视角、社会认知视角等。2014 年 Hart 出版专著《话语、语法和意识形态》（*Discourse*，*Grammar and Ideology*），这些研究反映了批评认知语言学的最新动向。

特别是 2014 年 Hart 与 Cap 主编的系列丛书《当代批评话语研究》，汇集了 CDS 研究的最新动向。在语篇研究的对象方面更多聚焦社会语篇，如：反映种族问题和性别歧视问题的语篇、健康疾病语篇、公共政策（public policy）语篇以及环境语篇等。此外，《当代批评话语研究》在 CDA 的话语策略研究方面也取得了丰硕成果。在《当代批评话语研究》（2014）收录的最新论文中，Arran Stibbe 对环境语篇进行了批评性分析，他借助社会学术语，提出了话语擦除策略（discursive erasure），并具体提出"话语擦除策略"存在三种主要形式。第一种是在语篇中彻底被隐去、被擦除的"重要内容或信息"，叫作"空白策略。"（the void）。第二种是话语意向被遮盖并改变了现实，即在语篇中"一些重要信息或内容"没有被擦除，而是以隐形、曲解的方式显现，犹如"戴了面具"一样，没有露出真面目，而是被面具遮盖了原本的性质，因此这一策略被 Arran Stibbe 称为"面具策略"（the mask）。第三种策略被称作"追踪策略"（the trace）。该策略是指语篇中的"重要信息或内容"被提及，但意图采用含糊、弱化、概括的方式去呈现，就像用铅笔写的字被擦掉了，却依稀可见之前的轮廓。"追踪策略（the trace）"可强可弱，取决于语篇中的重要信息被"追踪"和"重新唤起"的活跃度（Arran Stibbe，2014）。

在认知语用学方面，意大利语用学家 Bruno G. Bara 在 2010 年出版专著《认知语用学：交际的心智过程》（*Pragmatica Cognitiva*：*I Processi Mentali Della Comunicazione*），运用认知语用学的规则分析交际过程中参与者的心智状态，从发展认知科学的视角出发，运用形式逻辑的方法、人类学的方法、进化心理学的方法以及神经科学的方法，整合语言学、哲学、人类学、心理学、临床医学、神经科学等学科领域的研究成果，为认知语用学的发展提供更加广阔的研究空间。

综上所述，随着近年来认知语言学的发展，CDA 借助认知语言学理论发掘语篇特征，在语言特征与概念形成之间的相互关系方面进行大量论证，通过对语篇的认知分析研究社会问题，这些研究大大地拓宽了 CDA 的研究视野。以上这些研究动态代表了国际上 CDA 认知视角研究的最新发展方向。

2.2.2　国内 CDA 认知研究

21 世纪初开始，我国很多学者主张 CDA 需要引入认知视角（如辛斌，2007，2012；张辉、江龙，2008；张辉、张天伟，2012；田海龙，2013；周红英，2014；汪徽、张辉，2014）。辛斌（2007）指出 CDA 一直在社会和认知两个层面解释语言、权力与意识形态之间的关系，但在认知层面欠缺成熟的理论和方法。CDA 长期以来的研究忽视了认知在语篇生成和理解中的作用，使得 CDA 的研究呈现出局限性。认知语言学对 CDA 研究具有很强的解释力，在研究话语与社会之间有着重要的意义，我国很多学者逐步认识到认知语言学在 CDA 研究中的必要性，主张 CDA 与认知语言学相融合，建议成立批评认知语言学这一跨学科研究领域（参见张辉、江龙，2008；周红英，2014；汪徽、张辉，2014）。这与国际上 CDA 的前沿研究相吻合（参见 O'Halloran，2003；Driven，2005；Wodak，2006；Stockwell，2007；Chilton，2005b；Hart，2008，2011）。

在认知语言学与 CDA 融合的途径方面，国内学者做了大量论证。张辉、洪艳青（2002）验证了范畴化和概念隐喻视角可以用于描写意识形态。邓丽君、荣晶（2004）运用批评隐喻理论分析了英语新闻语料中的语言、权力与意识形态关系。张辉、江龙（2008）对 CDA 与认知语言学的兼容性进行了论证，认为认知语言学与 CDA 之间存在许多互补之处，两者的结合具有可行性，并论证了两者结合的主要途径。在宏观层面上继续采用 van Dijk 的社会认知模式，在微观层面上采用认知语言学的理论框架分析模式（张辉、江龙，2008）。具体到认知语言学理论的应用层面，张辉、江龙（2008）阐述了 CDA 与认知语言学融合途径，即：CDA 中的隐喻分析，以及 CDA 与心理空间和概念整合的结合（张辉、江龙，2008）。陈鹤三（2011）从进化心理学的角度再次探讨了 CDA 的认知基础，提出各种语言策略只有与认知能力相结合，才能构建语篇生成者想要实现的话语目的。田海龙（2013）基于 CDA 研究的话语和语境两个层面，讨论了认知取向的 CDA 的两种研究路径及特点。汪徽、张辉（2014）进一步梳理了批评认知语言学的研究路径，指出目前批评认知语言学主要从批评隐喻分析、范畴化、心理空间和概念整合理论、批评转喻分析展开研究（汪徽、张辉，2014）。

周红英（2014）深入探讨了 CDA 的认知语言学研究方法，认为话语的意识形态立场蕴含着隐喻、转喻、注意、构式等概念化表征。这些表征承载了话语中不平等的社会权力关系，表现出话语的意识形态，因此 CDA 有必要吸收认知语言学的理论和方法，对意识形态的探究从语言层面深入到认知层面（周红英，2014）。此外，在批评转喻研究方面，我国也有学者进行了探索。李克（2011）结合西方修辞学视角，将认知转喻与 CDA 结合，构建了语篇的批评转喻分析模式。对批评转喻的模式进行深入研究。张辉、张天伟（2012）从认知转喻的视角分析了语篇中的意识形态意义，论证了转喻对 CDA 研究的可行性和方法。唐韧（2014）依据批评话语分析的认知语言学途径，解析了英国媒体中的移民语篇。在 CDA 的话语策略研究方面，穆军芳（2015）在全国外语教学与研究博士生论坛的发言中，从 CDA 的视角出发，以系统功能语言学和语料库语言学为理论框架，解析了新闻语篇中的蒙蔽策略及其体现方式，从而构建其话语功能和意识形态意义。

纵观国内外学者运用认知语言学研究成果进行 CDA 的研究实践，本研究认为，这些认知取向的批评话语分析秉承 CDA 的使命，在阐释话语与社会的关系方面做出了很大贡献。认知语言学和 CDA 理论是可以兼容的，一方面，CDA 也促使认知语言学关注社会问题；另一方面认知语言学为批评话语分析提供了更多的解析工具和途径，提供一种将隐喻、转喻、概念合成、范畴化等加以理论化的方法，因此将两者融合为批评认知语言学这一分支学科将会促进认知语言学和 CDA 的深入发展，具有重大意义。

2.3　环境语篇分析相关研究

近年来，环境话语已经成为一个相对稳定的语类，主要研究语言学视角中有关语言与环境之间的关系（e. g. Bang et al, 2007；Fill, 1996, 2001；Fill and Muhlhausler, 2001；Muhlhausler, 2001a, 2001b, 2003）。从语篇的研究对象来说，语篇可以分为新闻语篇、法律语篇、环境语篇等。本文研究的是新闻语篇中的环境语篇，即环境新闻语篇。作为新闻语篇的一个次语类，环境语篇关注的是社会中的环境与生态问题。对环境语篇进行分析可以解释生态意识如何通过语言结构来实现对社会的某种操纵和控制。从已有文献来看，国内外学术界关于环境语篇的研究呈现出跨学科的态势。以环境话语作为研究对象的课题融入了语言学、传播学、政治生态学、环境保护等学科知识。以下分别就国内外相关研究进行综述。

2.3.1 国外研究综述

环境语篇的研究可以追溯到 20 世纪 80 年代，生态环境的恶化推动了语言与生态的研究。20 世纪 90 年代，作为语言学的一个分支，语言与生态之间的研究开始起步。Halliday（1990/2001）在希腊举行的国际应用语言学会议上，倡导语言学家们不可忽视语言在生态问题中的作用。Mühlhäusler（2003）鼓励语言学者们为环境研究做出贡献。在这样的背景下环境语篇分析（Environmental Discourse Analysis，以下简称 EDA）应运而生。EDA 是致力于环境问题语篇的语言学研究。EDA 的出现是对 Halliday 和 Mühlhäusler 号召语言学者努力在该领域研究的回应。EDA 属于生态语言学（Ecolinguistics）的一部分，是语言学视角中有关语言与环境之间关系的研究（e. g. Bang et al, 2007；Fill, 1996, 2001；Fill and Mühlhäusler, 2001；Mühlhäusler, 2001a, 2001b, 2003）。生态语言学（Ecolinguistics, 简称 EL）是学者 Haugen 于 1970 年提出的一个观点，他用动植物与环境之间的关系比喻语言与周围环境的相互作用，由此逐渐发展形成生态语言学这一交叉学科，旨在通过分析语言的生态因素，揭示语言与环境之间的关系。生态语言学在欧洲备受学界关注，有的国家和地区成立了专门的研究组织。随着国际应用语言学会成立生态语言学分会，A. Fill, R. Alexander, A. Goatly, J. Door, J. Chr Bang, P. Mühlhäusler 等学者成为这一新兴学科的活跃人物。国外语言学者们从不同角度对语言与生态之间关系做了大量研究，如：Fill（1996, 2001a, 2001b）对生态语言学的研究发展进行全面探讨；还有学者对语言系统的非生态因素做了研究（Halliday，1992；Goatly，1996）。

目前国际上对环境语篇的研究主要呈现出以下两个视角：

（1）生态批评语言研究视角

生态批评语言学（Critical Ecolinguistics），又称为语言的生态批评。研究的领域和课题相当广泛，主要包括两个研究方向，一是语言系统的生态批评分析，具体包括研究语言的活力、语言生存状态和发展因素、语言使用环境、语言多样性、语言变异问题、语言和谐问题、濒危语言的保护问题等问题，也被称为"语言的生态学"。二是生态话语批评分析（Ecocritical Discourse Analysis），对话语或语篇作微观研究，研究语言在生态环境问题中的影响和作用，研究包括生态语法、生态批评分析等。其中生态批评分析（Eco‐critical discourse analysis）是对环境和环境主义的文章进行剖析，找到隐藏在语篇背后的信息和对环境目标有效的观点和意识形态（e. g. Harré，Brockmeier and Mühlhäusler，1999；Stibbe，2012），这与 CDA 旨在探讨语篇中语言、权力与意识形态之间的关系是相一致的。此外，生态批评分析还包括任何潜在对未来生态系统有营养的话语，例如：新自由主义经济话语（neoliberal economic discourse），消费主义的建构，性别，政治，农业和自然（Goatly，2000；Stibbe，2004）。因此，生态批评分析不仅聚焦在话语背后对环境有破坏意义的意识形态，也关注为构建环境可持续发展的社会共识。总之，生态语言学研究视角的意义在于提醒语言学家们应该将人类社会置于一个更大的自然系统中，不要因过分关注那些社会主流问题而忽视了人们所生活的环境，人与动物、植物、气候环境之间的关系。

（2）CDA 研究视角

长久以来，CDA 一直关注大众语篇。van Dijk（2001：352）提

道："CDA 旨在探索语篇背后的'意识形态'、'身份'和不平等通
过语篇相互作用的方式。"通过 CDA 对语篇的分析，可以窥视语篇
背后话语与权力之间的关系，揭示话语中体现的意识形态意义。
CDA 一直拓宽研究领域，研究对象从传统的政治语篇、经济语篇、
大众传媒语篇到一些重要的话题研究，如：性别歧视、移民、种族
歧视等社会问题，探讨语篇背后的语言、权力与意识形态之间的关
系。近年来，CDS 研究涉足健康疾病语篇、环境语篇等领域，进一
步拓宽了研究视野。由 Hart 和 Piotr CAP 主编的国际期刊《当代批评
话语研究》（*Contemporary Critical Discourse Studies*）2014 年收录了包
括政治语篇、媒体语篇、欧盟语篇、公共政策语篇、种族和移民语
篇、健康疾病语篇和环境语篇在内的 14 篇文章，体现了 CDS 研究领
域的最新面貌。Fairclough（2004）曾指出："不受限制的增长本身
对环境就造成了威胁，然而生态问题很少被 CDS 作为分析和研究的
对象。"（转引自 Hart，2014）。

以往 CDS 过分关注政治语篇，随着 21 世纪环境现实问题的出
现，例如水资源匮乏、能源安全、大气污染、生态系统遭到破坏的
问题等，这些现实呼吁 CDS 的语言学解析。这些环境问题不是偏离
CDS 的研究主流，而是由于此前 CDS 关注的焦点更多是社会问题中
最凸显、发生最早的那部分，而涉及人类与同伴生存的问题，生态
被破坏的问题是随着社会发展逐渐显现的。就像其他类型的语篇一
样，CDA 可以用于研究环境语篇。Goatly（1996：537）认为 CDA 视
角下的环境语篇分析可以揭示出那些用于人类、动物、自然与环境
的隐喻。

Goatly 在《绿色语法和语法隐喻》一文中解释了"语法隐喻"
的概念。对生态话语批评的可能性提出了一些建议和想法。Goatly
（1997a，1997b，2002）分别指出应将 CDA 的视角融入环境语篇

研究。

此外，国际上对环境语篇的研究还融合了其他学科的理论视角，如生态符号学（Ecosemiotics）、生态传播学（Environmental Communication）、生态批评学（Ecocriticism）、政治生态主义（Political Ecologism）等。这些研究从不同学科角度出发，解读环境话语，与语言学研究途径一起，共同构成了环境语篇研究的全貌。

2.3.2　国内现有研究

我国语言学者对环境语篇的研究起步较晚，研究方法相对单一。相关研究主要集中在 20 世纪 90 年代到 21 世纪初。在研究路径上多集中在生态语言学视角下，强调语言的文化生态环境，例如对语言生态保护、濒危语言、语言多样化等课题研究较多，缺乏对环境语篇的微观分析，例如 CDA 视角下的研究，而从认知的视角对环境语篇进行批评性分析的研究更为稀少。

在生态语言学的研究视角下，一些国内学者致力于理论与应用研究。在理论研究方面，黄知常、舒解生（2004）将国外的语言进化、语言生态系统等理念介绍到国内。范俊军（2005）介绍了生态语言学的基本概念、理论发展沿革，以及主要的研究领域。王晋军（2006）介绍了《绿色语法和语法隐喻》（Goatly，1996）的起源和主要研究内容。王晋军（2007）对生态语言学出现和发展状况做了梳理。裴丽霞（2008）以语言系统的生态批评路径出发，对环境语篇进行了微观层面的分析。在应用研究方面，我国一些学者根据自身研究兴趣，分别以生态外语教学观（黄影妮，2009）、语言生态多样性（王艳萍，2010）、教育生态学观念的培养（方芳，2010）、濒危语言的生存环境（徐佳，2010）、英语语言的生存空间与和谐发展（高梦梁、袁野，2009）等课题展开研究。韩军（2013）对中国生态语言学研究进行了整体综述，提出目前研究的不足，建议建立完整的学科体系。黄国文（2016）认为语言生态学有两个研究模式，一种叫作豪根模式（Edward Haugen），另一种叫韩礼德模式（Fill，2001；范俊军，2005；韩军，2013）。其中豪根模式是指语言有自己的生态环境，所用语言的社会以及使用语言之人的态度决定了语言的生存环境。豪根模式也常被称为语言的生态学（linguistic ecology），而韩礼德模式则突出语言学家的社会责任，采用这一模式的学者多从批评角度审视人们赖以生存的话语。韩礼德模式也被称为环境的语言学（environmental linguistics）（黄国文，2016）。以上这些研究从生态批评语言学的不同视角出发，将生态语言学理论应用到教学、工作实践，独具特色。

随着近年来环境问题日益凸显，环境语篇的研究也呈现出跨学科的视野，相关研究融入了传播学、政治学、社会学的视角。刘涛（2009）从传播学理论出发，跟踪分析了《纽约时报》《华盛顿邮报》《洛杉矶时报》八年间所有关于北京奥运会的报道（2000.1—2008.8），提取出环境批评报道（537篇）和人权批评报道（663篇），归纳出西方媒体对中国环境问题的主要观点，并对如何提升公众媒体的社会行为，影响公民的环保意识，构建良好国家形象提出了建议。沈承诚（2014）从生态政治场域出发，探讨了西方环境话语存在的主要类型。蒋晓丽（2010）从新闻学理论出发，聚焦中美环境新闻报道中的话语研究，收集了主流媒体关于哥本哈根气候变化会议的新闻报道，从新闻传播的角度剖析话语问题，总结了环境报道中的风险观和发展观。贺淑锋（2012）从修辞文化的角度对《中国日报》环境新闻语篇进行研究，分析语篇的修辞特点，解读其文化内涵。

分析中发现，目前国内从认知视角对环境语篇进行批评性分析的论述较少，丁健新（2013）尝试运用概念合成理论和 van Dijk 的社会认知批评话语分析理论分析自然灾害类新闻语篇，运用突生结构构建龙卷风 Sandy 新闻中隐瞒的政治因素和社会因素。

　　综上所述，我国关于环境语篇的研究是基于多学科理论的，具有跨学科性。从语言学角度出发，相关研究将语言系统放在生态系统中进行考量，主要从语言生态批评的角度对语言与语言外部环境的关系进行阐述。此外一些学者还从传播学、新闻学、政治学等学科背景出发，呈现出多维度研究的特点。然而，国内对环境语篇的研究缺乏 CDA 的视角，国内语言学者运用 CDA 研究语篇大多集中在政治语篇、经济语篇、英语新闻语篇，对环境新闻语篇鲜有涉及，专门从批评认知视角研究环境新闻语篇的论述没有发现。有鉴于此，本文选择环境新闻语篇（Environmental News Discourse）作为研究对象，运用批评认知的视角解析环境新闻语篇，为 CDA 的认知研究提供新的视角。

2.4　理论基础

　　批评话语分析自登上语言学舞台以来，始终以研究语言和社会的关系为己任，揭示语言背后的隐性内容，如权力、认同和意识形态等是如何通过话语策略来再现的。就 CDA 的语言学学科属性而言，依托语法进行语料分析，进而揭示语篇或话语的隐性内容始终是 CDA 研究的基础。换言之，CDA 研究的主流是在社会和政治语境下，语言是如何通过一定的语法形式来揭示语篇和话语的认同以及意识形态关系的。本研究的理论背景涉及 CDA 和认知语言学（CL）理论，运用 CDA 考察环境新闻语篇认知机制与话语策略之间的关系，解释环境语篇的认知功效。本研究通过对环境新闻语篇中的概念隐喻（Lakoff & Johnson，1980，1987，1993；Lakoff & Turner，1989）、概念转喻和概念整合的理论分析，解析其作为特定话语策略所包含的意识形态意义。有关 CDA 的理论框架在前文 2.1 和 2.2 已进行详述，以下简要论述研究的认知语言学基础。从认知视角研究 CDA，已成为当前 CDA 研究的重要路向之一。该研究路向主要以 van Dijk（2002）、Chilton（2004）、Dirven et al.（2003）、Cap（2014）、Hart（2010，2011，2014a）等为代表。在认知研究路向中，不同学者从不同的角度研究 CDA，如 van Dijk 为代表的社会认知（socio - cognition）研究路径、Cap 为代表的认知语用研究路径、Hart 为代表的认知语言学研究路径等。

认知语言学，诞生于 20 世纪 70 年代。作为当代重要的语言学流派，认知语言学的相关研究能够为 CDA 注入新的活力。从认知语言学的角度可以建构起对语言操纵进行识别和分析的新方法，这也是 CDA 的主要目标之一。

本文所指的认知语言学是狭义的认知语言学。狭义的认知语言学是指以 Lakoff 和 Johnson（1980；1999）等人的认知义学和 Langacker（1987，1991，1999，2002）等人的认知语法为代表的学派。认知语言学的研究成果越来越多地被运用到批评性语篇分析的实践中。本文将借助认知语言学中有关概念化的理论和方法，具体包括：概念转喻、概念隐喻和概念整合三部分理论内容，从批评认知的角度解释环境语篇。下面对这些理论分别予以介绍。

2.4.1　概念转喻理论基础

概念转喻是属于认知语言学中以现象学为基础的研究方向（张辉，2010）。

认知语言学认为，转喻是一种概念操作，其中一个实体（喻体）可以被用来识别另一个实体（本体），本体与喻体在这种概念操作中相互联系（汪徽、张辉，2014）。Lakoff（1987）认为理想认知模式（Idealized Cognitive Model）包括命题模型、意象图式模型、隐喻模型和转喻模型等四种模型。Langacker（1993）认为转喻是一个认知参照点现象。由转喻词语指定的实体作为一个参照点，为被描述的目标提供心理可及，并同时把语篇理解者的注意力引导到目标上（张天伟、卢卫中，2012）。Alac 和 Coulson（2004）认为不同的转喻由相对凸显（relative salience）的认知原则提供理据，中心的和高度凸显的事物作为认知参照点唤起其他不那么凸显的事物（张辉等，2010）。转喻的发生取决于事物之间是否具有相邻性或邻近性。只有当事物之间存在替代关系的相邻性，才具备转喻发生的条件。具体问题见第三章分析。

2.4.2　概念隐喻理论基础

本研究将借鉴 Lakoff 和 Johnson（1980；1999）提出的概念隐喻理论。隐喻的概念常见于修辞学，随着认知语言学的进展，隐喻已成为认知语义学研究的重要内容之一。认知隐喻的核心问题可以归纳为三点：相似性、映射和两个认知域。即隐喻由源域（source domain）和目标域（target domain）等两个认知域构成，源域是我们熟知的，而目标域是我们要认知的，源域和目标域之间具有相似性，可以把两者联系起来，从而可以使我们通过源域去了解目标域，而源域和目标域之间的关系就是映射关系（mapping）。

此外，如何区分隐喻关系和转喻关系一直是学界研究的热点问题之一。概念转喻与概念隐喻的认知研究联系紧密。转喻用 X 代表 Y，而隐喻是 X 通过 Y 来理解，两者都是概念关系（Evans，2007：141 – 142）。转喻基于邻近性，隐喻基于相似性。在隐喻与转喻相互

关系方面，一些学者做了深入研究。Goossens（2003）的隐转喻
（metaphtonymy）观点认为，即隐喻和转喻是互动关系，隐喻更多地
根植于转喻关系，隐喻解读建立在转喻基础之上。一方面隐喻来源
于转喻，另一方面转喻存在于隐喻中（张辉、张天伟，2012）。Bar-
celona（2003：31）认为，每一个隐喻映射都预设着一个更基本的转
喻映射。Radden（2003）和 Taylor（2003）也认为，隐转喻相互关
系的基础在本质上是转喻性的。例如，高度（height）通常和数量
（quantity）相联系。当液体被倒进玻璃杯中，高度会随着液体数量
的增加而增加。如果把这种联系应用到更加抽象的域中，如"高价"
（high price），这种隐喻的理解首先是来自转喻的（Evans & Green
2006：320；转引自张辉，2012）。目前关于隐喻和转喻之间关系的
相关论述很多，本文认同 Goossens 的隐转喻观点，即隐喻很多来源
于转喻，隐喻的相似性可以被视为转喻邻进性的一个类别。

2.4.3 概念整合理论基础

概念整合理论源自心理空间理论。心理空间理论是 Fauconnier
（1994，1997）在《心理空间》（*Mental Space*）中提出来的。心理空间
包括时间、信念、愿望、可能性、虚拟、位置等一系列内容，并且受
到语法、语境和文化的制约。Fauconnier 和 Turner 于 2002 年在《我们
的思维方式》（*The Way We Think*）中又对该理论进行了补充和完善。
概念整合就是将数个不同的概念或认知域加工成一个新的概念或认知
域。即通过映射关系，将两个输入空间联系起来，两个输入空间的相
似性和共同的图式结构又包含在第三个类属空间里，而两个输入空间
有选择地投射到第四个空间，又可以得到一个可以动态解释的整合空
间。整合空间又可以被称为"突生结构"（emergent structure）。

整合空间不是两个输入空间的简单映射和相加，而是在认知加

工和信息加工的基础上，新的突生结构。这个过程包括组合（composition）、完成（completion）和扩展（elaboration）三个整合运作过程（Fauconnier，1997：42－44）。组合指将两个或两个以上的输入空间整合在一起，当然两个输入空间整合的前提是相似性。完成过程是借助图式知识、文化和认知模式，使整合空间不断完善的过程。扩展即在人的认知机制基础上，依据人的主观能动性对细节进行无限扩展的过程。鉴于很多文献中都有对此例的解释，本文不再赘述。以上是本研究应用认知语言学的主要理论观点。具体问题分析详见第三章。

2.5　小结

　　本章回顾了 CDA 理论国内外发展现状，论述了 CDA 学科发展的趋势是将 CDA 与认知语言学相融合，进而将 CDA 的认知取向锁定为本研究的理论依据。在理论背景方面，本章回顾了环境语篇国内的相关研究，通过梳理文献，我们发现批评认知语言学是国外当前 CDA 研究的热点，而国内研究还在起步阶段；在研究对象方面，国际上运用 CDA 研究环境语篇的论述呈逐步上升态势，而目前国内环境语篇的相关研究大多集中在生态语言学、新闻传播学、环境政治学等学科领域，从批评认知视角对环境新闻语篇的研究鲜有发现。因此本文的选题在学理上具有一定的前瞻性和探索性。有鉴于此，本研究认同认知语言学和 CDA 两者融合的优势所在，秉承 CDA 研究的发展趋势，将以认知语言学与 CDA 相结合的理论为基础，从认知话语分析的视角出发，运用认知语言学中的概念化理论对环境语篇进行批评性分析。

3　环境新闻语篇的认知机制

　　语篇的认知机制既是语篇生成者（Text Producer）实现强制的方法，同时也是语篇理解者（Text Consumer）理解语篇目的的重要环节。从语篇生成者的角度来说，为达到语篇强制的目的，可以采用不同的语言手段，如隐喻、转喻、概念整合等方法。从语篇理解者的角度来说，通过对语篇认知机制的解读，可以更好地理解语篇生成者想要实现的话语目的。因此，解读语篇的认知机制是揭示语篇生成者与语篇理解者之间关系的重要途径。在第一、二章研究的基础上，本章将认知语言学理论与 CDA 研究相结合，即从批评认知语言学（Cognitive Linguistic Approach）的视角探讨环境语篇分析（Environmental Discourse Analysis，以下简称 EDA）的认知机制。具体而言，本章将采用认知语言学理论中的转喻、隐喻、概念整合作为切入点，对环境语篇的认知机制进行解读。

　　本章语料分析选取了报刊新闻语料做个案分析，语料的中文部分选取了《中国环境报》在线数据库（2010—2015）的 150 篇新闻报道。通过筛选将语篇细分成 10 个子类（如表 3 所示），意大利语语料部分选择了《晚邮报》（*Corriere Della Sera*）、《24 小时太阳报》（*il Sole 24 Ore*）在线图文数据库的 120 个语篇。通过筛选将语料分成 7 个子类（如表 4 所示）。通过检索图文在线数据库，消息类环境新闻语篇数量较少，多是为一句话新闻。因此，本文研究语料的新闻类型均为专题报道和社论。

表3　《中国环境报》（2010—2015年）环境新闻报道主题分类统计表

报道主题	篇数	百分比
雾霾	60	37.50%
大气污染	15	9.37%
城市治理	18	11.25%
交通拥堵	15	9.37%
环境旅游	15	9.37%
生态建设	5	5.00%
环保科普	6	3.75%
环保产业	5	3.13%
资源与能源保护	5	3.13%
政策法规解读	6	3.75%
合计	150	100.00%

表4　《晚邮报》《24小时太阳报》环境新闻报道主题分类统计表

报道主题	篇数	百分比
雾霾（smog）	45	28.12%
大气污染（atmosfera inquinamento）	15	9.37%
污染排放（emissioni inquinanti）	10	6.35%
世博会环境旅游（EXPO turismo ambientale）	30	25%
食品安全（sicurezza alimentare）	10	12.5%
环保产业（Industria ambientale）	5	3.13%
环境政策法规（norme ambientale）	5	6.35%
合计	120	100.00%

　　CDA的认知研究是通过描述语篇中的语言现象，从认知的角度

解释语篇背后语言、认同与意识形态之间的关系。我们认为从批评认知视角研究环境语篇 EDA 主要包括两个部分，一个是环境语篇认知机制，另一个是语篇表达的话语策略。两者都涉及语篇表达的隐含现象，认知机制是语篇理解的理论基础，而话语策略是语篇表达中强制的具体应用，两者相辅相成，不可分离。本章主要聚焦于认知机制，对上述语料进行微观和个案分析，具体通过认知语言学中的转喻、隐喻、心理空间和概念整合对环境语篇的认知机制进行解析。

3.1　EDA 的转喻认知机制

3.1.1　概念转喻的定义与类型

辛斌（2007）认为 CDA 通过语篇分析，试图解构社会机制以及社会群体和个人如何通过与语篇互动创造意义。张辉等（2010）认为 CDA 需要借助认知语言学的视角，完成对语篇生成、表现和理解背后的概念意义，以及语言、权力与意识形态之间的关系进行更为广阔和深入的分析；概念转喻能够为 CDA 提供理论框架，使得 CDA 对语篇的研究有了认知视角。

Lakoff（1987）认为转喻是理想认知模式（Idealized Cognitive Models）中的一种形式。转喻是一种概念操作。转喻体现的概念操作是将一个认知参照点通过邻近性关系，识别另一个实体，为描述的目标提供心理可及，将语篇理解者的注意力引导到目标上。转喻作为一种重要的认知和思维工具，对语篇认知机制的解读有着重要的作用。概念转喻的发生基于事物之间的相关性或邻近性。概念转喻关注两个认知域之间的不同关系类型。

Radden（1998）指出转喻是一个概念转移的过程。概念转喻的基本类型包括两大部分内容：第一部分内容是"部分—整体"（part – whole relationships）和"整体—部分"（whole – part relationships）的关系，这一部分又具体包括"一个事物的整体代替部分"（whole thing for part of a thing）、"一个事物的部分代替整体"（part of a thing for the whole thing）、"一个范畴代替一个范畴中的成员"（a category for a member of the category）、"一个范畴中的成员代替整个范畴"（a member of a category for the category）。其中"一个范畴代替一个范畴成员"的转喻又可以从多角度理解，例如："地点指代事件"（place for event）的转喻、"场所代替机构"（place for institution）的转喻、"范畴与范畴特征之间关系"（a category for characteristic）的转喻等。转喻类型的第二部分内容是"部分代替部分"（part – part relationships）的关系，具体包括"工具代替行动"（instrument for action）、"施事者代替行动"（agent for action）、"行动代替施事者"（action for agent）、"行动中包含的物体代替整个行动"（object involved in the action for the action）、"结果代替行为"（result for action）等（Evans & Green，2006：317）。

3.1.2　EDA 的概念转喻个案分析

在 CDA 研究中，已有学者对不同话语中的转喻认知机制进行过分析，如 Hart（2010c）对移民语篇的研究。国内学者张辉、张天伟（2012）研究了认知转喻在 CDA 中的作用。本节，我们尝试以《中国环境报》《晚邮报》刊发的环境新闻语篇为例，从概念转喻的角度对 EDA 进行分析。

首先，转喻类型的第一部分内容是"部分—整体"和"整体—部分"的关系，其中包括"一个范畴代替一个范畴中的成员"（a category for a member of the category）的转喻类型。例如：

例 1

秸秆禁烧需要全国一盘棋
《中国环境报》，2015 年 3 月 13 日

本报讯　全国两会期间，湖北团全国人大代表将秸秆露天禁烧、综合利用的"湖北经验"带到北京，呼吁从全省联控到全国"一盘棋"，处理好秸秆焚烧，为大气污染防治贡献力量。"在空气质量恶化的过程中，焚烧秸秆是'压死骆驼的最后一根稻草'。"驻鄂全国政协委员、省台盟主委江利平告诉记者，湖北省环境监测中心站通过两年的监测分析得出结论，生物质燃烧对武汉市空气污染的贡献率为 12.7%。"秸秆露天禁烧'全国一盘棋'，效果才能最大化。"湖北等省份"禁烧"，只是"一部分人先动起来"，但全国大气生态是个相通的大系统，空气是流动的，局部的改善缓解不了整体的污染。江利平提出，"禁烧"需要大家"一起来"。

例中第一段划线部分"'湖北经验'带到北京"，属于"一个范畴代替一个范畴中的成员"（a category for a member of the category）的转喻，即"整体代替部分"（whole thing for part of a thing）的转喻类型之一。因为"湖北经验"和"北京"属于不同的认知域，在"湖北经验"的认知域里，其范畴成员是"湖北负责秸秆露天禁烧工作部门的经验和做法"，在"北京"的认知域里，其范畴成员是"北京相关负责部门的经验和做法"，上述两个域之间是邻近关系，属于范畴代替范畴成员的转喻类型，即将"湖北秸秆露天禁烧的经验和做法"带到"北京相关负责部门"的工作中。在该环境新闻语

篇中，语篇生成者运用转喻概括出两个域之间的关系，与直接使用范畴成员来表述相比，更简洁、更委婉地揭示出语篇背后的隐性话语，即通过分享"湖北相关部门秸秆露天焚烧的经验做法"帮助北京和其他地区完成这项空气治理工作。引导语篇理解者解读在此过程中，各地区和部门需要相互借鉴和学习，协调统一，发挥各自作用，共同解决全国性的空气质量问题。

接下来，我们再以《晚邮报》刊登的意大利语环境新闻语篇为例，解析"一个范畴代替一个范畴中的成员"（a category for a member of the category）的转喻类型。如例 2—例 5 所示。

例 2

摘自《晚邮报》，2015 年 5 月 20 日

Un paese che in piena invasione turistica lascia bruciar e Fiumicino e allagare Malpensa，è un paese senza speranza. Ma noi siamo italiani，un po' arrabbiati un po' rassegnati. Gli flussi turistici infiammano la Penisola. Il problema è：chi spiega agli stranieri com' è possibile che un Paese che organizza l' Expo，non riesca a organizzare trasporti decenti？（SOS Trasporti，20 maggio 2015 – Numero 22，Corriere della Sera）

（参考译文：作为一个被游客"侵袭"的国家，小河机场已经被蜂拥而至的游客"点燃"，马尔彭萨机场已被游客淹没，这个国家没有希望了。作为意大利人我们为涌入亚平宁半岛的游客所造成的交通隐患感到气愤，同时也为一个国家有能力举办世博会，却没有能力处理好交通问题感到羞愧。）

例 2 下划线部分 "Fiumicino" 是罗马国际机场 "小河机场" 的名字，因机场位于一条名叫 "Fiumicino" 的河边而得名。笔者运用 "Fiumicino" 代替罗马这座城市，属于属于 "一个范畴代替一个范畴

中的成员"（a category for a member of the category）的转喻，即"整体代替部分"（whole thing for part of a thing）的转喻类型之一。同样，下划线部分"Malpensa"是米兰"马尔彭萨"机场的名字，借"Malpensa"代替米兰这座城市；"Penisola"是"半岛"的意思，在文中指代"意大利所处的亚平宁半岛"，即"意大利"。上述词语都属于"范畴与范畴成员之间"的转喻。通过上述表达，语篇生成者激活了语篇理解者对米兰世博会所产生交通压力的认知理解。

例3

摘自《晚邮报》，2011 年 3 月 13 日

<u>Wen Jiabao sarà a Copenaghen, La promessa cinese：meno 45% di emissioni.</u> C'è sostanza e c'è politica nel doppio annuncio della Cina. Che ieri ha promesso di contenere le emissioni di anidride carbonica del 40 − 45% entro il 2020 rispetto ai livelli di quattro anni fa. La riduzione riguarda le emissioni per unità di Pil，dunque non si tratta di un taglio assoluto. （Mercoledì 13 Marzo 2011，Corriere della Sera）

（参考译文：温家宝将抵达哥本哈根，中国承诺将减少 45% 的排放。事实上，中国发布的政策具有双重含义。昨天中国宣称将在 2020 年以内减少 45% 的温室气体排放，即二氧化碳气体的排放量。这一数字是与四年前相比。然而是从国内生产总值里削减 45%，并不是实际总量的 45%。）

下划线部分"La promessa cinese：meno 45% di emissioni"（中国承诺：减少 45% 的排放）是转喻的用法。源域是"meno 45% di emissioni"（减少 45% 的排放），目标域是"减少 45% 温室气体（即二氧化碳气体）的排放"，属于"一个范畴代替一个范畴中的成员"（a category for a member of the category）的转喻，即"整体代替部分"

（whole thing for part of a thing）的转喻类型之一。语篇生成者运用转喻表达，试图引导语篇理解者解读"中国承诺 45% 减排并非二氧化碳气体实际总量的 45%，而是下文中提到的从国内生产总值范畴中减排 45%"这一隐性话语。此外，例中下划线部分"Wen Jiabao sarà a Copenaghen"（温家宝将抵达哥本哈根）也体现了转喻的用法。源域是丹麦首都哥本哈根，目标域是"哥本哈根世界气候大会"（全称《联合国气候变化框架公约》）。语篇理解者可以用"地点代替事件"（place for event）的转喻机制来形成认知理解。

例 4

摘自《晚邮报》，2015 年 5 月 20 日

Quel parmigiano ferma al semaforo. Nelle etichette, il rosso stoppai prodotti ricchi di sale, zuccheri e grassi. Con questa formula, da Londra alla Scandinavia, viene bocciata la Dieta Mediterranea. (5 maggio, 2015, numero 20, Corriere della Sera)

（参考译文：帕尔马奶酪公司在红绿灯前止步了。在产品标签上赫然写着富含"盐分、糖和脂肪"。凭这一条罪名，地中海饮食已被从伦敦到斯堪的纳维亚半岛的国家所拒之门外。）

例中下划线部分"scandinavia"是地理空间名词，源域是"scandinavia"（斯堪的纳维亚半岛），目标域是斯堪的纳维亚半岛上"挪威、瑞典、丹麦和芬兰"四个国家。"La Dieta Mediterranea"（地中海饮食），也是转喻的用法。源域是"地理上地中海所在区域的饮食结构"，目标域是"意大利饮食"。以上两个表达都属于"一个范畴代替一个范畴中的成员"（a category for a member of the category）的转喻类型。在这篇食品安全主题的环境新闻语篇中，语篇生成者运用地理空间名词"scandinavia""La Dieta Mediterranea"分别转喻

位于斯堪的纳维亚半岛的北欧四国和位于地中海的国家意大利。语篇生成者没有直接运用国别性的词（nationyms）来陈述，而是运用地理空间名词转喻地描述了意大利饮食结构被北欧四国拒之门外这一新闻事实，将这一负面新闻表达得更为含蓄，更隐晦地表达了隐含意义。

例5

摘自《晚邮报》，2013 年 1 月 12 日

<u>Pechino boccheggia sotto la cappa di smog.</u> L'inquinamento fa paura in Cina, e in particolare a Pechino, dove l'indice delle polveri sottili è salito fino a 456 microgrammi di PM2.5 per metro cubo negli ultimi due giorni. In alcune centraline sarebbero stati rilevati valori superiori a 700 microgrammi. (12 gennaio 2013, Corriere della Sera)

（参考译文：北京在雾霾的笼罩下呼吸困难。污染让中国害怕，特别是北京，最近两天来微小颗粒物 PM2.5 达到了每立方米 456 微米，在有些城区 PM2.5 可能达到了每立方米 700 微米。）

例中下划线部分 "Pechino boccheggia"（北京呼吸困难）中动词 "boccheggia" 意思是 "气喘、呼吸困难"。本例是 "一个范畴代替一个范畴中的成员"（a category for a member of the category）的转喻类型。源域是 "北京呼吸困难"，目标域是 "生活在北京的人们呼吸困难"。语篇生成者借助转喻形象地描绘了北京雾霾的严重程度。

上述几个例子是 "一个范畴代替一个范畴中的成员"（a category for a member of the category）的转喻类型，属于转喻类型的第一大类 "整体代替部分"（whole thing for part of a thing）的转喻类型。在这一类别中，转喻还包括 "范畴与其特征之间关系"（a category for characteristic）的转喻，例如：

例 6

规避邻避现象，一个都不能少
《中国环境报》，2015 年 3 月 16 日

大型建设项目引发的邻避现象近年时有发生。究其原因，公众的不支持、不配合很多时候源于不了解、不理解。换言之，做好信息公开和知识普及，有助于规避邻避现象。环境问题需要在发展中解决，在此过程中，政府、企业、社会团体和公众应发挥各自作用，共同面对。

谁来传播？"企业不要躲在政府的后面，要积极沟通，让利于民，与社区共建，积极做好相关工作。"在全国两会日前举行的记者会上，环境保护部部长陈吉宁表达了这样的期望。

在上述新闻语篇中，下划线部分为典型的转喻，属于"范畴与其特征之间关系"（a category for characteristic）的转喻。"企业"和"政府"是两个不同的认知域。在"企业"的认知域中，其特征是"企业经营"；而在"政府"的认知域中，其特征是"政府管理"。上述两个域之间是邻近关系，不是相似关系。该转喻属于范畴代替范畴特征的类型，即"企业经营"不要躲在"政府管理"的后面。在该环境语篇中，语篇生成者巧妙地运用转喻概括出两个域之间的关系，与直接使用范畴特征来表述，更委婉和含蓄地揭示出环境语篇背后的隐性话语，即弱化政府的强势管理形象。引导语篇理解者认同环境问题需要在发展中解决，在此过程中，政府和企业是平等的，只不过各司其职。政府、企业、社会团体和公众应发挥各自作用，共同应对。

接下来我们再来分析一个意大利语环境新闻语篇的例子，例如：

例 7

摘自《晚邮报》，2011 年 3 月 13 日

La mossa di Pechino punta a sottolineare almeno nella forma, il desi-derio di mostrarsi attiva e autorevole sulla scena internazionale e l'Onu pare apprezzare: quanto promesso dalle due potenze, quasi una eco delle parole di Obama e Hu a Pechino la scorsa settimana. (Mercoledì 13 Mazro 2011, Corriere della Sera)

（参考译文：北京的这一举措至少强调了形式，在国际社会展示出积极、可信的姿态。这一举措或许会得到联合国的称赞：这种称赞是对来自两个强国承诺的赞赏，是对奥巴马和胡锦涛上星期的讲话的一种回应。）

上例中下划线部分"due potenze"（两个强国）是转喻的用法，意大利语"due"是基数词"二"；"potenze"是阴性名词复数，意思是"力量、权力"。源域"due potenze"表示"两股力量、两股权力"，目标域是"中美两国"，属于范畴与范畴特征之间关系（a category for characteristic）的转喻。批评话语分析中的"批评"二字不仅是"批评、批判"，而更多是挖掘语篇背后的隐性话语意义。在该环境语篇中，语篇生成者巧妙地运用转喻概括出两个域的特征，与直接使用范畴"中美两国"来表述，更能凸显语篇背后的隐性话语，即中美两国在国际社会影响力大，对环境问题的举措得到了联合国的重视和回应。

在转喻的第一大类型"部分—整体"和"整体—部分"关系中还包括"范畴中的成员代替整个范畴"（a member of a category for the category）的转喻类型，即"部分代替整体"的转喻类型之一，如例8—例10所示。

例 8

摘自《晚邮报》，2015 年 5 月 5 日

Il comparto del cibo li istituisce per indirizzare i consumatori uti-
lizzando i loro caratteristici colori. Rispetto ai 27 stati fratelli，i primi furo-
no gli inglesi，che mettono da luce rossa fissa sul parmigiano，sul latte e
sull'olio extravergine. （Quel parmigiano fermo al semaforo，5 maggio，
2015，numero 20，Corriere della Sera）

（参考译文：欧盟食品部门引导消费者使用自己的权益。相比较
27 个兄弟国家而言，第一个站出来给帕尔马公司、牛奶和初榨橄榄
油亮红灯的就是英国人。）

例中下划线部分"27 stati fratelli"（27 个兄弟国家）、"gli inglesi"
（英国人）是转喻的用法。源域分别是"27 个兄弟国家"和"英国
人"，目标域分别是"欧盟成员国"和"英国"，属于"范畴中的成员
代替整个范畴"（a member of a category for the category）的转喻类型。
语篇生成者运用范畴成员"27 个兄弟国家"指代整个范畴"欧盟"，
运用范畴成员"英国人"指代整个范畴"英国"，弱化了政治国别，
凸显了人文含义，将"欧盟"这一中性范畴表达为"27 个兄弟国家"，
凸显了国与国之间的紧密关系，将"英国"这一国别词语表达为"英
国人"，凸显了食品安全与国家公民息息相关，相比较直接使用国别
化词语表达，更能拉近与语篇理解者之间的语用和心理距离。

例 9

摘自《晚邮报》，2011 年 3 月 13 日

La Cina sembra replicare così a Barack Obama che il giorno prima
aveva fatto sapere di volere volare a Copenaghen per portare il suo impeg-

no：emissioni ridotte del 17% entro il 2020. Sono le grandi manovre in vista di Copenaghen, dove Pechino ha ribadito di non volere 《accorti vuo-ti》. (Mercoledì 13 Mazro 2011, Corriere della Sera)

（参考译文：此前一天，中国表示愿意带着诚意和努力飞向哥本哈根，并表示在 2020 年内将温室气体排放减少17%，以此回应奥巴马。北京重申了不希望出现"零缔约"，这在哥本哈根看来是一个大举措。）

例中下划线部分 "La Cina"（中国）、"Barack Obama"（奥巴马）、"Copenaghen"（哥本哈根）、"Pechino"（北京）属于"部分代替整体"的转喻类型中"一个范畴中的成员代替整个范畴"（a member of a category for the category）的转喻。源域分别是"中国""奥巴马""哥本哈根"和"北京"，目标域分别是"中国政府""美国政府""哥本哈根世界气候大会"和"北京政府"。其中"in vista di Copenaghen"（在哥本哈根看来）也可以从"机构和所在地"（place for institution）之间的转喻来理解。语篇生成者运用国别性的词（nationyms）"中国"、人称代词"奥巴马"和地理空间名词"Copenaghen"（哥本哈根）、"Pechino"（北京），更含蓄地表达了中美政府对温室气体排放问题的表态，以及哥本哈根世界气候大会的回应。

例 10

摘自《晚邮报》，2015 年 9 月 25 日

Gas serra, intesa Obama – Xi, Dal 2017 la Cina taglia le emissioni

Il presidente cinese alla Casa Bianca annuncia un serio piano di lotta all'inquinamento. Apprezzamento degli Usa, che verseranno tre miliardi al Fondo verde per il clima. Cina e Stati Uniti sull'ambiente hanno molti punti di vista in comune. E' quanto è emerso al termine del faccia a faccia alla Casa Bianca tra il presidente statunitense Barack Obama e il suo omologo cinese Xi Jinping.（25 settembre 2015 Corriere della Sera）

（参考译文：温室气体，奥巴马—习近平达成一致；自 2017 年起中国削减排放

正文：中国国家主席在白宫发表了向环境污染宣战的郑重声明，这一举措得到了来自美国的赞许，美国将为气候问题注入价值 30 亿万美元的"绿色资金"。中国和美国在环境问题方面有很多共识。这在美国总统奥巴马与中国国家主席习近平面对面会晤结束时可以显现出来。）

例中下划线部分"Casa Bianca"是转喻的用法，属于"机构和所在地"（place for institution）之间的转喻。下划线部分"al termine del faccia a faccia"（在面对面结束时）中"al termine"意思是"在结束的时候"，"faccia a faccia"意思是"面对面"，属于"施事者代替行动"（agent for action）的转喻，即"部分代替部分"的转喻类型之一。源域是"两个人面对面"，目标域是"面对面会晤或交谈"，两者具有邻近性，"面对面"只是会晤的一种特点和方式。下划线部分"il suo omologo cinese"（他的中国伙伴）是物主形容词短语指代习近平主席。语篇生成者通过上述"面对面会晤""他的中国伙伴"等转喻表达，引导语篇理解者解读中美两国对环境问题的沟通积极，具有很多共识。

以上是对 EDA 转喻类型第一部分内容的分析。转喻的第二部分内容是"部分代替部分"（part – part relationships）的关系，具体包括"工具代替行动"（instrument for action）、"结果代替行为"（Result for action）等（Evans & Green，2006），例如：

例 11

摘自《晚邮报》，2015 年 5 月 13 日

Difatti, diversi paesi pensano diversamente. Per esempio, a Milano, il cappuccino è una grande colazione per i giovani. Invece a sud d'Italia, i giovani sono in gamba nel bere. In Cina lo smog è un tema scottante in discussione negli ultimi anni. <u>Un progetto proposto dall'Italia per eliminare le industrie pesanti a Pechino per migliorare la grave situazione dello smog è stato scaffalato di governi locali.</u> (13, maggio, 2015, Corriere della Sera)

（参考译文：诚然，不同国家的思维方式不同。例如，在米兰，一杯卡布奇诺对于年轻人来说就是一顿丰盛的早餐。而在意大利南方，年轻人喝一杯卡布奇诺就像喝一杯白开水。近年来在中国雾霾已经成为热议的话题，一项由意大利提出的通过减少北京重工业指数，旨在改善雾霾恶劣环境的项目却被当地政府束之高阁。）

该环境新闻语篇陈述了"由意大利提出的为改善雾霾环境取消北京重工业的项目被当地政府束之高阁"这一事件。下划线部分动词"scaffalato"，是动词"scaffare"的过去分词，意思是"放在书架上的"，属于"结果代替行为"（Result for action）的转喻。其中源域是"摆在书架上"，目标域是"搁置"，语篇生成者通过描述雾霾治理项目"è stato scaffalato"（被放在书架上）这一行为，使语篇理解者更好地理解雾霾治理项目"被束之高阁，成为一句空谈"这一结果。

这篇报道中语篇生成者首先阐明了中意两国人的思维方式不同，然后通过举例说明中国当地政府排外，拒绝意大利提出的为治理雾霾对重工业项目进行削减的提议。通过思维方式不同这一角度，隐

晦地谴责中国的做法。

依据 Kovecses & Radden（1998）（转引自 Evans & Green，2006）转喻的类型还包括"人类代替非人类"（human over non‒human）以及"具体代替抽象"（concrete over abstract）的转喻类型。其中第一部分："人类代替非人类"（human over non‒human）的转喻又包括：生产者代替产品（producer for product）、控制人代替被控制的事物（controller for controlled）等具体类型，第二部分"具体代替抽象"（CONCRETE OVER ABSTRACT）的转喻类型又包括：身体代替行为（bodily over actional）、身体代替情感（bodily over emotional）、身体代替感知（bodily over perceptual）、有形代替无形（visible over invisible）的转喻等（Evans & Green，2006：P317）。例如：

例 12

摘自《晚邮报》，2015 年 5 月 20 日

Quel parmigiano ferma al semaforo. Nelle etichette, il rosso stoppai prodotti ricchi di sale, zuccheri e grassi. Con questa formula, da Londra alla Scandinavia, viene bocciata la Dieta Mediterranea. （5 maggio, 2015, numero 20, Corriere della Sera）

（参考译文：帕尔马奶酪公司在红绿灯前止步了。在产品标签上赫然写着富含"盐分、糖和脂肪"。凭这一条罪名，地中海饮食已被从伦敦到斯堪的纳维亚半岛的国家所拒之门外。）

本例是一则主题为食品安全的环境新闻语篇。下划线部分属于"生产者代替产品"（producer for product），即"人类代替非人类"（human over non‒human）的转喻类型之一，例如"Parmigiano"这一单词意思是意大利著名的帕尔马奶酪，句中"Parmigiano"实际指的是意大利帕尔马奶酪公司，因此源域是"帕尔马奶酪"，目标域是

"帕尔马奶酪公司",属于生产者"Parmigiano"(帕尔马公司)与产品"Parmigiano"(意大利著名奶酪)之间的转喻。语篇生成者运用动词词组"fermano al semaforo"(止步于红绿灯前),以及动词"bocciata"(被开除)形象地描绘了帕尔马奶酪公司被欧盟有关食品健康的新规则排除在外这一事实。

3.2 EDA 的隐转喻认知机制

3.2.1 隐转喻的概念与区别

隐喻与转喻的相互关系和区别一直是学界研究的热点。概念隐喻与概念转喻的认知研究密不可分。Taylor(1995)认为转喻是意义延伸的最基本的过程,可能比隐喻更为基本。一般来说,隐喻和转喻的区别主要有四点,一是概念上的区别。转喻用 X 代表 Y,隐喻是 X 通过 Y 来理解,两者反映的都是概念关系(Evans,2007:141 – 142)。二是性质上的区别,即转喻基于邻近性,隐喻基于相似性。三是认知域数量上的区别,隐喻源自两个不同的认知域,是双域,而转喻一般是一个认知域内的子域间的相互关系。四是认知域的方向性问题。隐喻一般是单向的,一般由源域向目标域映射。而转喻一般来说是双向的,两个认知域之间可以互相指代。虽然隐喻和转喻有很多区别,但两者间的互动作用也是不容忽视的。隐喻和转喻两者间相互作用的主要观点有 Goossens 的隐转喻、Barcelona 和 Radden 提出的隐喻的转喻理据、Riemer 的后转喻和后隐喻、Ruiz de Mendoza 的概念相互作用模式以及 Geeraerts 的隐喻和转喻相互作用棱柱形模式等（张辉、卢卫中，2010：51－64）。其中 Ruiz de Men-doza（1997：171－176）认为隐喻和转喻就其功能来说，都体现了比喻的用法，即体现了从所指对象到新指对象的转换这一语用目的。本文赞成 Goossens（2003）提出的隐喻和转喻是互动关系的观点，隐喻更多来源于转喻。即一方面隐喻来源于转喻，另一方面转喻存在于隐喻中。

Barcelona（2003：31）认为，每一个隐喻映射都预设着一个更基本的转喻映射。Radden（2003）和 Taylor（2003）也认为，隐转喻相互关系的基础在本质上是转喻性的（转引自张辉，2012）。例如"高价"（high price），通过高度和数量的关系来进行理解，这种隐喻的理解首先是来自转喻的（Evans & Green，2006：320；转引自张辉，2012）。再如"high temperature""high standards""high quality""high class"等，也不是简单的隐喻。数量与高度之间的自然联系，人类健康与站立姿势的联系，品质或生活与控制之间的联系等，都是转喻联系，只有当这些联系被抽象到超出原型的情景域中，才被视为隐喻。因此很多例子说明应该先有这一转喻理据，才有隐喻延伸的用法。

其实隐喻和转喻的关系非常复杂，难以真正准确地辨认，这也是隐转喻能够持续研究的理据。一些学者试图另辟蹊径从其他角度进行研究，如徐盛桓（2011，2012）从心智哲学角度的研究。陆俭明先生（2010）曾形象地比喻两者间的关系："隐喻和转喻就像一个筷子的两端，一面是方的，一面是圆的，而到筷子中间部位却很难辨认"。本文通过语料分析，尝试性地从以下几种隐转喻类型进行分析。

3.2.2　隐转喻的类型

隐转喻（metaphtonymies）的概念最早可以追溯到 Lakoff & Johnson 的研究。Lakoff & Johnson（1980：39）指出转喻的概念是比隐喻概念更为凸显的。Taylor（2001：139）在阐述隐喻和转喻之间的关系时提出隐喻是植根于转喻的，认为转喻在语义延伸方面比隐喻更为基础。隐转喻"metaphtonymy"这个概念是由 Goossens 正式提出的。Goossens（1990）指出隐转喻的概念能够让我们意识到隐喻和转喻是紧密联系在一起的。他认为隐转喻有四种类型：来自转喻的隐喻、隐喻中的转喻、转喻中的隐喻，以及来自隐喻的转喻。在研究了大量的隐喻语料后，Goossens 发现"转喻中的隐喻"寥寥无几，"来自隐喻的转喻"没有找到例证。Radden（2002）认为源自转喻的隐喻比那些没有或缺少转喻基础的隐喻更为自然。Deignan（2005）提出从转喻到隐喻的渐变过程，即：转喻、隐喻中的转喻、来自转喻的隐喻、基于转喻的隐喻，以及隐喻（转引自张辉、卢卫中，2010）。本研究更多地同意 Goossens 和 Deignan 的观点，在对环境新闻语篇的语料进行分析时，主要梳理出三个隐喻和转喻之间的关系类型：隐喻中的转喻、来自转喻的隐喻，以及基于转喻的隐喻。

3.2.2.1 隐喻中的转喻（metonymy within metaphor）

根据 Goossens（1995：172）的观点，"隐喻中的转喻"可以被认为是一个转喻性质的实体植根于一个隐喻的表达中。引用 Goossens（1995）的一个例子"shoot one's mouth off"，这个句子是隐喻中的转喻，包含的身体部位在两个认知域。（如图 2 所示）源域中"mouth"（嘴）被隐喻性地理解为运动中的物体，在目标域中却转喻性地指"一个人的讲话"。这个转喻蕴含在隐喻的表达中，"shoot off"意思是"错误地用枪"，当"mouth"被嵌入这个短语时，这个短语就转喻地指"鲁莽地说话""草率地讲话"。

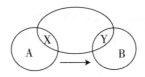

图 2　隐喻中的转喻（Goossens，2002）

在环境新闻语篇中我们发现了"隐喻中的转喻"的例证，如例13—例15所示。

例 13

第三次世界减灾大会在日本仙台召开
携手应对全球灾害危险
《中国环境报》，2015 年 3 月 19 日

第三次世界减灾大会 3 月 14—18 日在日本仙台召开。联合国秘书长潘基文在开幕式上发表讲话指出，减少灾害危险有助于推动在可持续发展和气候变化方面取得进步。潘基文指出，十年前通过的《兵库行动框架》挽救了成千上万人的生命，而<u>此次会议是有史以来有关减灾问题的最高级别会议，是使世界迈向可持续道路旅程的第一站</u>。潘基文指出，气候变化加剧了成千上万人所面临的危险，特别是小岛屿发展中国家和海岸地区，而实现真正的复原力需要加强国家间和社区间的纽带。他呼吁国际社会本着团结的精神，为使世界走向更加安全和繁荣的未来而采取行动。

例中下划线部分是隐转喻的用法。首先，这个句子整体是一个隐喻。语篇生成者将这次会议的意义隐喻为一场旅行的第一站，根据 Lakoff & Johnson（1987）的理论，隐喻的基本类型可以分为：结构隐喻、方位隐喻和实体隐喻。该隐喻属于结构隐喻中"life is journey"的隐喻类型，源域是"世界减灾大会"，目标域是"迈向终点

的第一站"。在这个隐喻中存在一个转喻现象,其中"旅程的第一站"源域是"一场旅行经过的第一站",目标域是"世界可持续发展道路的开始",只有当"旅程的第一站"被嵌入到整个句子时才发生了转喻。通过隐转喻的认知分析,能让语篇理解者更清晰地了解话语的底层构造,从而更容易理解潘基文的讲话精神,起到鼓舞和引领国际社会共同采取行动的目的。

例 14

业界专家把脉问题,两者既已共生当求共赢
《中国环境报》,2014 年 9 月 22 日

"随着化学工业的快速发展,化工产品正以前所未有的速度走进普通百姓的生活,如何正确处理好行业绿色发展与城市和谐建设的关系,是全行业面临的一个重大课题。"中国石油和化学工业联合会副会长、秘书长赵俊贵在日前召开的"2014 中国国际石油化工大会"上如是说。"未来城市的健康,取决于我们用更少的资源提供更大的价值。"林良琦表示,而诸多的化工产品正在实现这一目标。"化工行业必然会减少能源的消耗,与此同时提高产出,也会为更广泛的人口提供更加美好的生活,对于这一点我持高度乐观的态度。"化工圆桌咨询公司首席执行官 John Pearson 说,"不管是对于企业还是行业的发展,这将是一个漫长的旅程,但是,结果会非常乐观。"

例中下划线部分是一个隐转喻的表达。首先,这个句子是一个隐喻,属于结构隐喻中的"life is journey"的隐喻类型。语篇生成者将化工企业和行业减少能源消耗的目标隐喻为"一个漫长的旅程",两者的相似性在于都需要很长时间,最后都会达到终点,都蕴含着一个过程和进程。在这个隐喻中又有转喻的发生,其中"旅程"的源域是"旅行的过程",目标域是"发展的道路"。这个转喻蕴含在

隐喻的表达中，当"旅程"被嵌入这个句子中时，意思就变成"化工行业的绿色发展道路"。语篇生成者通过这一隐转喻的表达，更形象地描绘了城市和化工的动态发展过程，即"旅途虽长，但心情愉悦"是共赢的结果。

同样，我们再来分析一个意大利语环境新闻语篇，例如：

例 15

摘自《24 小时太阳报》，2015 年 12 月 7 日

è la prima volta che le autorità della capitale scatta l'allarme rosso per l'inquinamento. Sarebbe un passo in avanti e un buon segno per l'autorità locale di Pechino，è stato un annuncio vero e proprio per mostrare al pubblico la fiducia del governo. <u>Sarebbe un lungo viaggio che porterà una giornata nuova e buona per la Cina.</u>（7 dicembre 2015 il Sole 24 ore）

（参考译文：这是首都权威机构首次拉响了雾霾最高预警级别。这对北京当局来说是一次进步，也是一个好的信号。它向公众展示了政府的诚信，此举预示着一场漫长的旅行，将会给中国带来崭新的一天。）

例中下划线部分"Sarebbe un lungo viaggio che porterà una giornata nuova e buona per la Cina"（预示着一场漫长的旅行，将会带给中国一个崭新的一天）是隐转喻的用法。首先，这个句子整体是一个隐喻，属于结构隐喻中的"life is journey"的隐喻。语篇生成者将这次北京政府空气污染红色预警的举措隐喻为一场旅行，即"un lungo viaggio"（一次漫长的旅行）。其次，隐喻中包含一个转喻，"una giornata nuova"（新的一天）是转喻，源域是"新的一天"，目标域是"未来"。因此"una giornata nuova"（新的一天）是蕴含在隐喻中的转喻。语篇生成者通过隐转喻的表达，赞扬了北京政府对污染

预警的诚信之举，引导理解者了解未来政府管理对雾霾治理的积极意义。

3.2.2.2 来自转喻的隐喻（metaphor from metonymy）

Goossens（1995）曾示例："he close – lipped" "beat one's breast"。其中，"close – lipped" 是一个转喻，意思是"保持沉默"，"lip" 指代说话，"close" 指闭嘴，不说话。然而从转喻的 "Lip" 又能分析出隐喻，指"某人说了话，但是不会说听话人想听到的信息"。同样的道理适用于 "beat one's breast" 的分析。"Breast" 是一个转喻，指"心"，但是这个表达 "beat one's breast" 也是一个隐喻，源域是"打击一个人的胸"，目标域是"一个人受到打击，心理很难过"。因此上述两个例子都是来自转喻的隐喻。转喻的映射发生使得整个表达的字面义发生了隐喻的变化。在环境新闻语篇中经常出现"来自转喻的隐喻"现象，又如下例。

例 16

治大气要动哪些"大手术"
《中国环境报》，2015 年 3 月 11 日

阳春三月，又一次迈入"两会时间"；大气污染，又一次引发"万民关注"。全面推进依法治国，依法保护环境无疑是场重头戏。在依法行政、依法治污的大背景下，《大气污染防治法》的修改必将迈出新步伐。环境保护部部长陈吉宁在十二届全国人大三次会议新闻中心出席记者会时表示，2015 年大气污染治理将主要抓好 4 个方面的工作，首先就是修订《大气污染防治法》。

例中下划线部分"万民关注"是转喻，属于"一个范畴代替一个范畴中的成员"（a category for a member of the category）的转喻，即"万民"指代"全体国民"。"万民关注"与"全体国民"在语义

上是"部分代替整体"的转喻类型。然而，在上例中，又涉及隐喻。因为"万民关注"是隐喻，是凸显的认知参照点，可以唤起不凸显的"全体国民"。

此外，例中的解读也是建立在隐转喻的相互作用关系基础之上的。我们通过"万民关注"来理解"非常关注"。该句隐喻的解读是建立在转喻理解之上的，通过转喻"characteristic fob entity"，"万民关注"以一种程度域中的表现特征转指抽象域"关注的程度"，转喻地表达"非常关注"。因此上例中既包含隐喻也包含转喻，同时涉及隐转喻的相互作用关系。这种隐转喻关系使得"万民关注"在认知层面上更加凸显，更容易唤起不凸显的部分。该句中，隐转喻映射机制如图 3 所示：

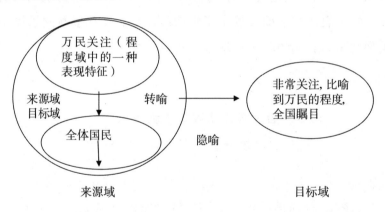

图3　"治大气要动哪些大手术"隐喻中的转喻分析图

同样，我们再来分析一个意大利语环境新闻语篇，例如：

例 17

摘自《24 小时太阳报》，2015 年 3 月 8 日

Insieme racconteremo la biodiversità italiana. Il Padiglione Eataly ide-ato da Oscar Farinetti, sta aspettando impaziente per i suoi ospiti. <u>Nello stesso tempo, al mondo colpisce molto lo smog di Pechino.</u> L'aria racconta di inquinamento. Molte malattie nascono dallo smog invece di sicurezze alimentari. (8 marzo 2015, il Sole 24 ore)

（参考译文：我们谈论一下米兰世博会的问题，由 Oscar Farinetti 命名的意大利馆 EATALY 正焦急地等待着宾客前来参观。在米兰世博会开馆的同时，整个世界却被北京发生的雾霾所震惊。北京的空气正在向我们讲述着重污染，许多疾病不是由食品安全引发，而是由雾霾导致。）

例中下划线部分 "Nello stesso tempo, al mondo colpisce molto lo smog di Pechino" 是一个实体隐喻的用法。句中动词 "colpisce" 源域是"人肢体打击、击中"的动作行为，目标域是"（心理上）遭受打击、感到震惊"。这是一个实体隐喻，即 "humanbeings for enti-ties"，即通过人肢体上所受的打击，形象比喻雾霾的袭击。该句的引申义为北京的雾霾打击了整个世界。同时，该例也是一个转喻，属于部分代表整体的转喻，指北京的雾霾代表中国的环境污染震惊了世界。

根据 Goossens（2002）的观点，在认知域内和认知域间映射，字面义和比喻义用法区分通常模糊不清，属于两种意义之间的连续体，属于来自转喻的隐喻。依据以上语料分析，不难看出转喻和隐喻之间存在一种渐变的关系。很多隐喻来源于转喻，转喻中的隐喻也比比皆是。

3.2.2.3 基于转喻的隐喻

在 Goossens 关于隐喻和转喻之间关系类型研究的基础上，学者 Deignan 进一步做了细化。Deignan（2005：67）提出了基于转喻的隐喻这一概念。她认为"这一类表达的隐喻意可以追踪到身体经验"。例如："warm welcom"是一个隐喻。其中"warm"是一个基于"temperatures stand for emotions"的转喻。因此"warm welcom"是一个基于"warm"转喻的隐喻。源域是"热的欢迎"，目标域是"让人感觉像朋友一样的欢迎"。在区别基于转喻的隐喻和来自转喻的隐喻时，需要把握住这个表达字面义是否具有逻辑性，即是否能追踪到人的身体经验，如果具有逻辑性，即涉及人的身体经验，那么就是来自转喻的隐喻。如果没有逻辑性，即没有涉及人的身体经验，就是基于转喻的隐喻。在环境新闻语篇中也经常出现基于转喻的隐喻现象，例如：

例18

努力留住美丽蓝天

——环境保护部副部长潘岳谈新修订的《大气污染防治法》

（《中国环境报》，2015年9月7日）

潘岳说，现在公众无不怀念"APEC 蓝"与"阅兵蓝"，同时也无不忧虑蓝天易逝，"好景难常"。保持良好环境质量，既要各级政府勇于担当，也要环保部门监管到位；既要企业改变生产方式，守法达标，还要公众转变生活方式，人人参与。同呼吸、共命运，大家一同携手留住美丽蓝天。

例中下划线部分"APEC 蓝"和"阅兵蓝"是隐转喻的用法。其中"蓝色"是转喻含义的"天很蓝，天气好"。基于这个转喻意义"APEC 蓝"和"阅兵蓝"分别是隐喻，目标域分别指"APEC

亚太经合组织会议"和"国庆大阅兵"这两个活动期间,大气环境良好、没有空气污染。语篇生成者通过转喻的表达形象地描绘了重大活动期间的好天气,引导语篇理解者对这两个词所表达的语境与雾霾形成概念上的对比,增强了语篇效果,隐性地表达了对环保部门和首都民众保护和治理环境的期待。

同样,我们再来分析一个意大利语环境新闻语篇,例如:

例 19

摘自《晚邮报》,2010 年 8 月 3 日

WASHINGTON—Stando a Corriere della Sera, La Cina Verde, 《un nuovo Sputnik》. la 《scelta verde》 della Cina, la decisione di ridurre le emissioni di gas e sviluppare energie pulite annunciata dal presidente cinese Hu Jintao all'Onu, avrà sull'America l'effetto che ebbe il lancio dello sputnik sovietico nel'57:la Cina la costringerà a una corsa alle fonti alternative e alle nuove tecnologie a protezione del clima e dell'ambiente, come l'Urss la costrinse alla corsa per la conquista dello spazio. (Domenica 3 Agosto 2010, Corriere della Sera)

(参考译文:华盛顿—《晚邮报》记者报道,绿色中国,"一颗新的人造卫星"。中国国家主席胡锦涛向联合国提出的旨在发展绿色能源减少天然气排放的决定,是中国的绿色之选。这一举措对美国产生的影响无异于 1957 年苏联发射新人造卫星事件。中国以环境保护之名将美国拖入了一场寻找新的替代能源和新科技的竞赛,这如同苏联当年将美国拖入了占领新空间的竞赛。)

例中下划线部分"La Cina Verde"(绿色中国)是一个来自转喻的隐喻。首先,"绿色中国"是一个隐喻,源域是"绿色"这种颜色,目标域是"无污染的原生态"。两者的相似性在于都是健

康、安全、无害的。绿色之所以可以表达环境，是因为良好的环
境常以绿色相伴。如青山绿水、绿色蔬菜、绿色食品，这些都是
人们可以感知到的。其次，在源域和目标域的映射中存在以概念
邻近性为基础的转喻现象。在中国与中国环境之间发生了的转喻，
即"一个范畴代替一个范畴中的成员"（A category for a member of
the category）的转喻。从源域到目标域的理解和映射过程中如图
所示：

图4　《晚邮报》"绿色中国"基于转喻的隐喻分析图

在环境语篇中，隐转喻的使用和解读可以更好地凸显语篇效果。
转喻思维可以提高语言在交际中的效率。再如：

例 20

摘自《晚邮报》，2014 年 11 月 13 日

Gli Stati Uniti si impegnano a ridurre i gas di scarto del 25 – 28% en-
tro il 2025, partendo dal livello raggiunto nel 2005, mentre la Cina si
limita a enunciare l'obiettivo generico di contenere l'inquinamento en-
tro il 2030. A giudicare dalle dichiarazioni da parte della Cina, Obama
spera che i prossimi quattro anni non assomigliassero come i cinque anni

precedenti.（13 novembre 2014 Corriere della Sera）

（参考译文：美国力争在 2025 年将温室气体排放量减少 25%—28%，这一比例是在 2005 年达到数值的基础上。然而中国并没有承诺 2030 年之前控制污染要达到的目标。作为对中方的回应，奥巴马指出不希望空气污染治理问题在未来四年和过去的八年一样没有变化。）

例中下划线部分"i prossimi quattro anni"和"i prossimi quattro anni"是转喻的用法。该转喻的源域分别是"未来四年""过去八年"，目标域分别指代布什和奥巴马的执政期，因为乔治布什总统执政是从 2001 年到 2009 年，奥巴马政府上台是 2009 年至今。语篇生成者运用动词"assomigliassero"（相似、好像）将两个转喻连接成一个隐喻。隐喻的源域是"未来四年"，目标域是"过去八年"，两者的相似性在于"对空气污染的治理形式没有任何改变"。这一基于转喻的隐喻表达，背后的驱动背景是引导语篇理解者聚焦到两个执政政府的画面，突出奥巴马政府在减少温室气体排放方面的工作成效，与之前政府形成对比，为自己的执政加分，同时也敦促中国政府在气候问题上签署协定。

3.3　EDA 的隐喻认知机制

随着认知语言学的进展，隐喻已成为认知语义学研究的重要内容之一。在 CDA 中，很多学者对概念隐喻进行了分析研究（张辉、洪艳青，2002；Charteris - Black，2006；Koller，2004；张辉、江龙，2008；Hart，2001）。认知隐喻的核心问题可以归纳为三点：相似性基础、映射关系和两个认知域的数量和方向。即隐喻由源域（source domain）和目标域（target domain）两个认知域构成，源域是我们熟知的，而目标域是我们要认知的，源域和目标域之间具有相似性，可以把两者联系起来，从而可以使我们通过源域去了解目标域，而源域和目标域之间的关系就是映射关系（mapping）。隐喻是一种认知手段和方式，通过不同的认知域，即跨域形成的系统映射去理解事物的本质。隐喻具有普遍性，其哲学基础是体验哲学。隐喻需遵循恒定原则（invariance principle），即源域的意象图式结构与目标域的内部结构相一致的方式投射到目标域上。在环境新闻语篇检索和分析中，我们发现了大量隐喻现象，例如：

例 21

《中国环境报》，2015 年 3 月 17 日

陕西省较国家规定的时间表提前 3 年供应国 V 油品，一方面迫于严重的雾霾环境压力，另一方面在于陕西国 V 成品油生产技术研发已储备到位，推行条件较为成熟。油品升级能比标准跑得快？研究表明，对大型城市而言，机动车尾气是雾霾的重要"元凶"之一。据了解，2013 年年底陕西省机动车保有量已达 603 万辆。2014 年 7 月，西安市机动车保有量突破 200 万辆。随着西安乃至全省汽车保有量快速增加，机动车尾气对空气质量的影响也日趋严重。

首先，本例试图比较油品升级与标准研发之间的速度关系，两者都在发展之中，且发展速度很快。在这个认知隐喻中，一个是"发展"的目标域，另一个是"跑"的源域，两者的相似性是"都在进程中加快发展"，即我们可以通过好理解的源域"跑"去理解目标域"油品升级或标准设计的进程"，两者之间的关系图如图 5 所示。语篇生成者通过隐喻"跑"的使用，使语篇理解者更容易理解

油品升级与标准设计动态发展的关系，使新闻的文体表达更形象和
生动。

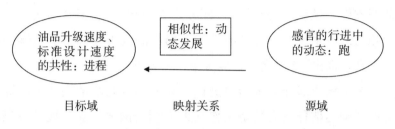

目标域　　　　　　映射关系　　　　　　源域

图 5　《中国环境报》"油品升级"隐喻分析图

同理可以分析下划线部分"元凶"。机动车尾气是源域，元凶是
目标域，两者之间具有高度相似性，即都可以造成巨大危害，是
"祸首"，这种相似性，使得两者之间可以发生映射关系，引导语篇
理解者更好地理解汽车尾气造成雾霾，及其危害性。

本文在分析语料时，对隐喻的划分类型主要依据 Lakoff & John-
son（1987）的理论，即隐喻的基本类型可以分为：实体隐喻、方位
隐喻和结构隐喻。通过分析《中国环境报》《晚邮报》和《24 小时
太阳报》刊登的环境新闻语料，我们发现大部分案例属于实体隐喻
类型，以下分析例 22—24 例为中文语料。

例 22

秸秆禁烧需要全国一盘棋

《中国环境报》，2015 年 3 月 13 日

本报讯　全国两会期间，湖北团全国人大代表将秸秆露天禁烧、
综合利用的"湖北经验"带到北京，呼吁从全省联控到全国"一盘
棋"，处理好秸秆焚烧，为大气污染防治贡献力量。"在空气质量恶
化的过程中，焚烧秸秆是'压死骆驼的最后一根稻草'。"驻鄂全国
政协委员、省台盟主委江利平告诉记者，湖北省环境监测中心站通

过两年的监测分析得出结论，生物质燃烧对武汉市空气污染的贡献率为 12.7％。"秸秆露天禁烧'全国一盘棋'，效果才能最大化。"湖北等省份"禁烧"，只是"一部分人先动起来"，但全国大气生态是个相通的大系统，空气是流动的，局部的改善缓解不了整体的污染。江利平提出，"禁烧"需要大家"一起来"。

例中下划线部分"全国一盘棋"是实体性隐喻的用法。语篇生成者试图阐述秸秆露天禁烧工作从地方到全国要一起开展。该隐喻的源域是"统一开展秸秆露天焚烧工作"，目标域是"全国一盘棋"，两者的相似性是"统一、一致性"，即我们可以通过好理解的目标域"全国一盘棋"去理解相对不太好理解的源域"秸秆焚烧工作的步调"，两者之间的关系如图 6 所示。通过隐喻"一盘棋"的使用，使语篇理解者更容易理解全国统一开展秸秆焚烧工作的重要性和必要性，透视政府对此事的明确态度，同时使新闻的文体表达更形象、更生动。

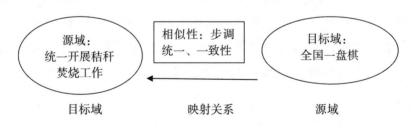

图6　《中国环境报》"秸秆露天焚烧"隐喻分析图

例 23

规避邻避现象，一个都不能少
《中国环境报》，2015 年 3 月 16 日

面对可能引发邻避效应的项目，除了积极主动地借力传统媒体，还要注重新媒体平台的舆论引导。专家和环境工作者在发声时切莫

害怕"挨板砖"。各地环保部门开辟官方微博、微信账号已非新鲜事，一些地方还将环保系统工作人员的开博数量作为宣教成绩。不过，在引发公众争议的环境议题上，这些账号的实际发声能力更为重要。百十个冷清的小账号、沉默的"僵尸号"，不如一个敢于迎着"板砖"说真理的活跃号。

例中下划线部分"挨板砖"是实体性隐喻的用法。语篇生成者试图阐述专家和环境工作者在工作时的心态和做法。该隐喻的源域是"被击中、被搬砖击打"，目标域是"执法或评论时被批判、挨骂"。源域和目标域之间具有相似性，即都受到"攻击"，这种攻击可能是精神上的，也可能是物质上的。我们可以通过好理解的源域"被击打、击中"去理解目标域"执法或评论时挨骂、被批判"。语篇生成者通过隐喻"挨板砖"使得源域和目标域之间产生映射关系。一方面形象、生动地描述了专家和环境工作者在执法工作时应调整心态，莫怕"挨板砖"；另一方面也使语篇理解者更容易理解。

例 24

《中国环境报》，2015 年 3 月 11 日

治大气要动哪些"大手术"？吕忠梅表示，修订草案还存在一些与新《环保法》重复的问题。新《环保法》被定位为生态环境保护领域的综合性法律，具有基础性地位，主要是建立全局性、原则性的制度体系。从这个意义上，修订草案应该将新《环保法》的原则性规定，根据大气环境保护的要求进行具体化，不能照搬新《环保法》的内容。

例中下划线部分"治大气要动哪些'大手术'"是实体性隐喻的用法。语篇生成者描述了治理大气污染的急迫性，需要大力度地进行治理。该隐喻的源域是"动大手术"，目标域是"治理大气污

染"。源域和目标域具有两个相似性，一是程度性的相似，无论是"动手术"还是"治理大气"都需要大力度开展；另一个是目的相似，即"动手术"和"治理大气"都是为了"治愈、治理、恢复良好状态"，上述分析如图7所示。我们可以通过好理解的源域"动大手术"去理解目标域"治理大气污染"，两者之间的关系通过隐喻"动大手术"的使用，使新闻的文体表达更形象和生动，使语篇理解者更容易理解治理大气污染的急迫性，也表达了环保部门对治理大气工作的决心。

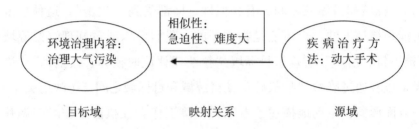

图7 《中国环境报》"治大气要动哪些大手术"隐喻分析图

同样，我们再来分析意大利语的环境新闻语篇，如例24—25例所示。

例25

摘自《晚邮报》，2011 年 3 月 13 日

La mossa di Pechino punta a sottolineare almeno nella forma, il desiderio di mostrarsi attiva e autorevole sulla scena internazionale. Secondo il portavoce dell'Onu sul clima, John Hay. E il ramo cinese di Greenpeace, commenta:《Un gesto significativo in un momento delicato. Ma la Cina può fare di più》. (Mercoledì 13 Mazro 2011, Corriere della Sera)

（参考译文：北京的这一举措至少强调了形式，在国际社会展示

出积极、可信的姿态。联合国气候发言人 John Hay 认为，"这非常鼓舞士气"。这是中国的绿色和平枝。John Hay 评论道："在敏感时期这代表着中国政府此举具有意义，中国能够为此做得更多。"）

例中下划线部分 "E il ramo cinese di Greenpeace"（中国的绿色和平）属于实体性隐喻。"ramo"是意大利语阳性名词，意思是"树枝"，"Greenpeace"是英文借用词"绿色和平组织"。该隐喻的源域是"中国的绿色和平组织的各项努力"，目标域是"中国为哥本哈根世界气候大会所做的积极举措"，源域和目标域的相似性是"健康、积极、正面"。语篇生成者运用隐喻表达形象生动地展现中国对治理空气污染问题的举措具有重要意义。

例 26

摘自《晚邮报》，2015 年 9 月 25 日

I timori cinesi per il caso Volkswagen. Intanto in Cina ha molta eco lo scandalo delle emissioni truccate della Volkswagen. Secondo il quotidiano China Daily, che pubblica oggi un editoriale a firma collettiva, quanto accaduto indebolisce gli sforzi della comunità globale nella lotta ai cambiamenti climatici. (25 settembre 2015 Corriere della Sera)

（参考译文：来自"德国大众事件"的中国恐惧。《中国日报》今天刊登的一篇署集体笔名的社论指出，德国大众公司尾气排放丑闻事件在中国反响很大，这对国际社会旨在对抗气候变化所做的努力带来了负面影响。）

例中下划线部分 "Intanto in Cina ha molta eco lo scandalo delle emissioni truccate della Volkswagen"（德国大众假扮粉饰的尾气丑闻事件在中国反响很大）可以从隐喻的角度加以分析。"truccate"是意大利语形容词阴性复数，意思是"化妆、打扮"，在语篇中属于实

体性隐喻。该隐喻的源域是"emissioni truccate"（化过妆的尾气），目标域是"弄虚作假、掩盖的行为"，两者之间的相似性在于都是"虚假的、假扮的"。我们通过好理解的"化妆、打扮"，能够更好地理解德国大众公司对柴油车尾气测量软件进行改装所做的弄虚作假的行为，分析如图8所示：

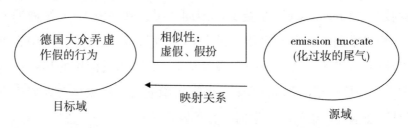

图8　《晚邮报》"德国大众尾气新闻事件"隐喻分析图

　　在分析环境新闻语料时，本文发现实体性隐喻的若干子类，如：实体隐喻中人的隐喻（humanbeings for entities）、实体隐喻中的火的隐喻（state as fire）、战争隐喻（state as war）、水的隐喻（state as water）、容器隐喻（state as container）、颜色隐喻（state as color）等（Lakoff & Johnson，1987）。

　　首先，实体隐喻中的第一个子类是人的隐喻（humanbeings for entities）的隐喻类型。例如：

例27

摘自《中国环境报》，2015年3月10日

　　"前年我提出来，雾霾的危害甚至比当年的SARS更厉害，当时还有人认为我夸大其词，两年过去了，现在治理雾霾成为全民包括国家领导人高度重视的一个问题。"全国人大代表、中国工程院院士钟南山说。<u>雾霾猛于虎，已成心腹患</u>。钟南山表示，治理雾霾需要弄清楚三方面问题：它是怎么产生的？又是如何危害身体的？如何清除它？这需要做很多的工作、做很多的努力。如今，<u>雾霾已经成为全民"公敌"</u>，特别是两会期间，关注更加集中，人们希望代表委员提出更加有效的建议，期盼政府出台更多治理的措施，解决心肺之患。

　　例中下划线部分"雾霾猛于虎，已成心腹患"是实体性隐喻的用法。语篇生成者试图比较"雾霾"和"虎"的速度关系，两者都具有危险性，速度都很快，都会危害到人的生命。在两个认知域中，源域是人的身体器官有疾病，即"心腹之患、心腹之疾"，目标域是"隐藏在内部的严重祸害、最大的隐患"，属于实体性隐喻中人的隐喻（humanbeings for entities）类型。我们可以通过"心腹患"更好地理解目标域"雾霾的发展势头迅猛，已经成了社会高度关注的问题"。语篇生成者通过隐喻的表达，使语篇理解者更容易理解雾霾的危害，使新闻的文体表达更形象和生动。上述分析如图9所示：

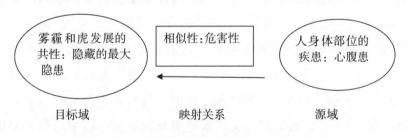

图9　《中国环境报》"雾霾事件"隐喻分析图

　　例中下划线部分"雾霾已经成为全民公敌"也是一个实体性隐喻。"雾霾"是源域，"公敌"是目标域，两者之间的相似性在于都是社会亟待整治的对象，都具有危害性和危险性。这种相似性，使得两者之间存在映射关系，源域到目标域之间的映射可以发生，使语篇理解者更好地去理解雾霾的危害性及其带给社会的负面影响。

同样，我们再来分析意大利语的环境新闻语篇，例如：

例28

摘自《晚邮报》，2015 年 4 月 2 日

Nello stesso tempo，al mondo colpisce molto lo smog di Pechino. L'aria racconta di inquinamento. <u>Molte malattie nascono dallo smog invece di sicurezze alimentari.</u>（2 aprile 2015，Corriere della Sera）

（参考译文：在米兰世博会召开的同时，整个世界却被北京发生的雾霾所震惊。北京的空气正在向我们讲述着重污染，许多疾病不是由食品安全引发的，而是由雾霾导致的。）

例中下划线部分语篇生成者试图说明"很多疾病源于雾霾而并非源于食品安全"这一新闻观点。语篇生成者试图比较"雾霾"与"食品安全"之间的危害程度关系。两者都会造成身体疾病。例中"nascono"（出生）源域是"出生"，目标域是"产生"。两者的相似性是"都有来源、都源自某处"，该隐喻属于实体隐喻中的人的隐喻（humanbeings for entities）类型，两者之间的关系如图 10 所示。通过"nascono"（出生）的使用，使语篇理解者更容易理解雾霾与疾病发生的关系，使新闻的文体表达更形象生动。这个语篇主要讲述米兰世博会召开的同时北京雾霾袭来，气候环境形成鲜明的对比，语篇生成者希望通过这篇报道向读者传递一种信号，即北京的污染导致很多疾病发生，震惊了世界。

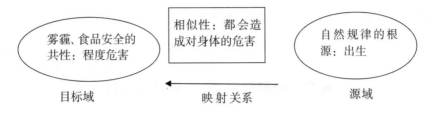

图 10　《晚邮报》"北京雾霾新闻"隐喻分析图

第二，实体性隐喻的第二个子类是容器隐喻（state as container），我们在环境新闻语篇分析中发现了这一类隐喻的使用，如例29—例31所示。

例 29

摘自《晚邮报》，2013 年 2 月 2 日

Cina，inquinamento fuori controllo，è in emergenza. Sesto giorno di inquinamento fuori ogni controllo a Pechino. I livelli di polveri sottili sono stati definiti allarmanti. Lo smog è sempre più intenso，con livelli di Pm 2，5 elevatissimi. Nella capitale sia ieri che oggi il livello ha superato i 400. (2 febbraio 2013，Corriere della Sera)

（参考译文：中国，污染失控，情况危急。北京已连续第六天污染处于失控状态，粉尘颗粒物达到了警戒水平。雾霾愈发的严重，PM2.5 指数极高。在首都北京 PM2.5 指数昨天和今天都已经超过 400。）

容器隐喻是一种意象图示隐喻。例中"fuori controllo，è in emergenza"（雾霾失控，情况危急）属于实体性隐喻中的容器隐喻"状态作为一种容器"（state as container）的类型。即根据物理现象和经验基础，将"状态"放在容器里表示"有"或"没有"的状态，"in/out of control"（在控制之下/失去控制）。语篇生成者将雾霾所

77

处的状态隐喻为"失去控制"，形象地表达了雾霾的危急程度。

例30

摘自《晚邮报》，2015 年 11 月 9 日

Proteste. I livelli sono di poco inferiori in tutto il nord – est della Cina. <u>Tra le città avvolte da domenica in una nube grigio – giallastra</u> ci sono Pechino，la vicina città portuale di Tianjin e numerosi centri delle province del Liaoning，Hebei，Henan ed Heilongjiang. （9 novembre 2015 corriere della sera）

（参考译文：抗议。雾霾水平比中国东北部地区略低一些。星期天以来，这些被灰色—暗黄色云彩笼罩的城市包括北京、海港城市天津，以及中部一些省份的城市，如辽宁、河北、河南、黑龙江。）

例中下划线部分"Tra le città avvolte da domenica in una nube grigio – giallastra"（被灰色—暗黄色云彩笼罩的城市）是实体隐喻中容器隐喻（state as container）的类型。主语"le città avvolte"意思是被笼罩的城市，"una nube grigio – giallastra"意思是"灰色—暗黄色的云"。该隐喻的源域是"云"，目标域是"雾霾"，两者的相似性在于都是"灰色、暗黄色"的色调，都具有"包围、笼罩"的作用，分析如图 11 所示。语篇生成者运用容器隐喻的表达，凸显了雾霾的覆盖范围广、危害程度高。

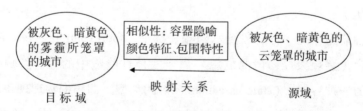

图11　《晚邮报》"中国雾霾污染"新闻事件隐喻分析图

例 31

摘自《晚邮报》，2015 年 11 月 9 日

Pochi giorni dopo l'accensione degli impianti di riscaldamento nelle province del nord – est non lontano dal confine con la Corea del nord, <u>gli abitanti delle province di Changchun e Jilin si sono svegliati immersi nell'oscurità.</u> Il sole non riusciva a superare la nebbia provocata dalle polveri sottili di carbone emesse dalle caldaie. Il risultato? Voli cancellati, autostrade chiuse, visibilità di 500 metri al massimo. (9 novembre 2015 corriere della sera)

（参考译文：日前，与朝鲜接壤的几个中国北部省份开始煤炭供暖。长春和吉林的居民每天醒来就被淹没在黑暗中。太阳抵不过锅炉燃烧煤炭所产生的粉尘雾霾。由此导致的结果会怎样？很多航班被取消，很多高速路被关闭且能见度不足 500 米。）

例中下划线部分属于实体隐喻中的容器隐喻（state as container）的类型。词语"immersi"是动词"immergere"的过去分词，意思是"被淹没的"。该隐喻的源域是"醒来的人们被淹没在黑暗中"，目标域是"醒来的人们的视线被黑暗所笼罩"。两者的相似性在于都是"被沉浸、被包裹"。语篇生成者运用容器隐喻描述醒来的人们被淹没在黑暗中，生动地反映了雾霾的严重程度，增强了新闻表达效果。该隐喻映射过程如图 12 所示：

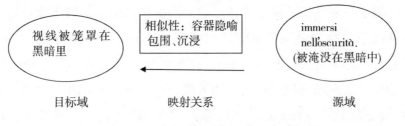

图 12 《晚邮报》"中国北部雾霾"新闻事件隐喻分析图

第三，实体性隐喻还包括战争隐喻、火的隐喻和水的隐喻等隐喻类型，在环境新闻语篇的语料分析中我们也发现了这些隐喻表达，如例 32—例 34 所示。

例 32

摘自《晚邮报》，2015 年 5 月 20 日

　　la città scoppia：Ma Fiumicino brucia，Malpensa si allaga，i treni si fermano a Firenze. Expo è un'altra chance perduta. Uno si sforza di ricostruire un po'di fiducia，ma poi un paese che in piena invasione turistica lascia bruciare Fiumicino e allagare Malpensa，è un paese senza speranza. Ma noi siamo italiani，un po'arrabbiati un po'rassegnati. Gli flussi turistici infiammano la Penisola. Expo è sia una sfida che un'altra chance per l'Italia. （SOS Trasporti，20 maggio 2015 – Numero 22，Corriere della Sera）

　　（参考译文：城市爆炸了，小河机场在燃烧，马尔彭萨机场被淹没，火车停滞在佛罗伦萨。世博会是一场失败的机遇。一方面国家努力在世界面前构建信任感，一方面米兰和罗马又被大批游客所淹没和侵袭。这个国家已经没有希望。面对这样的情况我们意大利人感到又气愤又惭愧。大批游客因为世博会涌入亚平宁半岛，这对意大利来说毕竟是机遇也是挑战。）

　　例中下划线部分属于实体隐喻中的战争隐喻。语篇生成者运用一些战争隐喻的动词和名词，如动词"scoppia"（爆发）、"bruciare"（燃烧）；名词"perduta"（失败）、"invasione"（侵略），表达米兰这座城市因世博会变得人满为患，此外，例中的"si allaga"（淹没）、"si fermano"（停滞）、"flussi"（涌入）这几个词语属于实体隐喻中关于水的隐喻。语篇生成者通过战争隐喻和水的

隐喻表达，形象生动地描绘了意大利世博会大批游客导致的交通隐患，引导语篇理解者对此事件表示堪忧，对意大利政府管理无力表示谴责。

例 33

摘自《晚邮报》，2015 年 11 月 9 日

Cina：accesi riscaldamenti a carbone，smog a livelli da record mondiale. Gli abitanti di Changchun e Jilin：《Occhie gola bruciano：bisognerebbe andare in giro con una maschera antigas》.

（参考译文：中国：燃烧煤炭供热，雾霾程度创世界新高。长春和吉林的居民反映："眼睛和喉咙灼烧，需要戴防毒面具出行"。）

例中下划线部分"Occhi e gola bruciano"（眼睛和喉咙燃烧）是隐喻的用法，具体属于实体隐喻中的火的隐喻。"occhi"是阳性复数名词"眼睛"，"gola"是阴性单数名词"嗓子、喉咙"，"bruciano"是及物动词复数第三人称现在时变位，其主语是"occhi"和"gola"。语篇生成者运用了火的隐喻表达，该隐喻的源域是"bruciano"（燃烧），目标域是"灼痛"，两者的相似性在于都具有"热度"，都会"引发危害"，分析如图 13 所示：

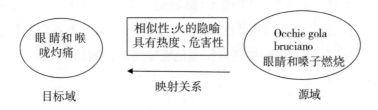

图13　《晚邮报》"中国煤炭燃烧导致雾霾"新闻隐喻分析图

例 34

摘自《晚邮报》，2015 年 9 月 25 日

Gas serra, intesa Obama – Xi, Dal 2017 la Cina taglia le emissioni. Il presidente cinese alla Casa Bianca annuncia un serio piano di <u>lotta all'inquinamento</u>. Apprezzamento degli Usa, che <u>verseranno</u> tre miliardi al Fondo verde per il clima. (25 settembre 2015 Corriere della Sera)

（参考译文：温室气体，奥巴马—习近平达成一致；自 2017 年起中国削减排放。中国国家主席在白宫发表了向环境污染宣战的郑重声明，这一举措得到了来自美国的赞许，美国将为气候问题注入价值 30 亿万美元的"绿色资金"。）

例中下划线部分"lotta"是实体性隐喻中战争隐喻的用法。"lotta"是意大利语阴性单数名词，意思是"战斗"。语篇生成者运用"lotta all'inquinamento"表达"对环境污染宣战"的含义。该隐喻的源域是战争中的词汇"战斗"，目标域是"攻克环境污染问题"，两者的相似性在于都是一场战役，需要一定的努力和决心才能达成目标。例中下划线部分"verseranno"是水的隐喻。"verseranno"是意大利语动词"versare"的复数第三人称变位，意思是"倾倒、撒水"。该隐喻的源域是"撒水、浇水"，目标域是"注入"资金，两者的相似性在于都有流动性，且具有一定的数量。

第四，实体性隐喻中还包括颜色隐喻类型，例如：

例 35

摘自《中国环境报》，2015 年 3 月 10 日

王文彪向记者介绍了"亿利生态圈"模式，这种模式是以"<u>绿土地</u>"＋"绿能源"为核心价值，绑定绿色金融和互联网的商业模

式。为治霾企业开通<u>绿色通道</u>，促进市场<u>绿色消费</u>。

例中下划线部分属于实体性隐喻。首先，"绿土地""绿能源""绿色金融""绿色通道""绿色消费"这些例子都是隐喻性用法。源域是自然语言中的颜色"绿色"，目标域分别是"健康""天然""无污染"等。

同样，我们再分析几个意大利语的环境新闻语篇，如例36—例37所示。

例 36

摘自《晚邮报》，2015 年 12 月 7 日

Pechino：per la prima volta scatta l' allarme rosso per l' inquinamento. <u>Allarme rosso</u> a Pechino per l' inquinamento. è la prima volta che le autorità della capitale portano al livello più alto della scala l' allerta per il pericolo smog. In attesa del vento gelido e purificatore，ora assistiamo alla corsa a innalzare l' allarme：domenica sera era <u>giallo</u>，lunedì mattina <u>arancione</u>，ora <u>rosso</u>（tanto per cautelarsi）.（7 dicembre 2015 Corriere della Sera）

（参考译文：北京：首次拉响了污染红色预警。北京污染红色预警。这是首都权威机构首次拉响了雾霾最高预警级别。在等待冷风净化空气的同时，我们加入了提高空气污染预警的竞赛：星期天的预警级别还是黄色，周一早晨是橙色，现在的预警等级是红色。）

例中下划线部分是实体隐喻中颜色隐喻的用法。源域是"allarme rosso"（红色警报），目标域是"最高等级"，两者的相似性在于都具有"紧迫性，严重性"。在汉语和意大利语的情感隐喻中，红色都有表示"愤怒""赤字""禁止"的含义，分析如图 14 所示。

图 14　《晚邮报》"北京雾霾红色预警"新闻隐喻分析图

　　语篇生成者运用颜色隐喻凸显了雾霾的严重等级，最大程度引发语篇理解者的警惕意识。例中下划线部分"giallo"（黄色）、"arancione"（橙色）、"rosso"（红色）也分别是实体隐喻中的颜色隐喻。源域分别是颜色所表达的含义，目标域是不同等级的污染预警。

例 37

摘自《晚邮报》，2011 年 3 月 13 日

　　Sono le grandi manovre in vista di Copenaghen, dove Pechino ha ribadito di non volere 《accorti vuoti》. <u>La Cina non ha alcuna intenzione di fare la parte della pecora nera sulla scena internazionale.</u>（Mercoledì 13 Mazro 2011, Corriere della Sera）

　　（参考译文：这在哥本哈根看来是大举措，北京重申了不希望出现"零缔约"。中国丝毫不想在国际舞台上扮演"害群之马"的角色。）

　　例中下划线部分"La Cina non ha alcuna intenzione di fare la parte della pecora nera sulla scena internazionale"（中国丝毫不想在国际舞台上扮演"害群之马"的角色）可以用隐喻理论和概念整合理论分别进行认知解析。意大利语"pecora"意思是"绵羊"，"nera"是形容词"黑色的"，习语"pecora nera"（黑色的绵羊）意思是"一群

羊里不好的那一只"，语义相当于汉语的"害群之马"。意大利语中有很多用颜色表达情感的语言，即情感隐喻，例如："rosso"（红色）、"bianco"（白色）、"nero"（黑色）。习语中经常有"vedere（nero）"（脸色发黑）、"umore（nero）"（心情灰暗）等类似的表达。而汉语中则用"羞红了脸""吓得脸色苍白""吓得面无血色"等情感表达相同的文化内涵。本例从隐喻的角度来说，源域是"黑色的绵羊"，目标域是"危害社会或集体的人"，属于实体性隐喻中的颜色隐喻。源域和目标域的相似性在于都有危害，隐喻认知机制分析如图 15 所示：

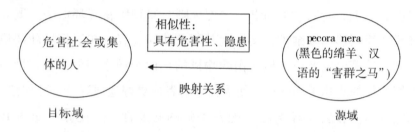

图15 《晚邮报》"哥本哈根气候大会"新闻隐喻分析图

以上是实体性隐喻的案例分析。接下来我们来分析环境新闻语篇中的结构隐喻和方向隐喻的案例，如例 38—例 40 所示。

例 38

《中国环境报》，2015 年 3 月 11 日

"目前我们大气法的很多法条还是照搬新《环保法》的内容。长了'牙齿'的新《环保法》，如果不配套'手脚'，其可行性就会变差。"吕忠梅说。大气污染违法成本低、执法难是老问题。违法成本低是企业从事违法行为的内在动力，也是造成环境违法较为普遍的主要原因。在当前环境执法力量总体不足的前提下，取证难、程

序复杂是影响执法效率的主要因素。不论是 2015 年 1 月 1 日起实施的新《环保法》，还是北京、上海、天津、陕西等地修订实施的《大气污染防治条例》，几乎每部法律法规都被称作"史上最严"，可见"铁腕治理"已成大气污染防治的共识之举。

　　例中下划线部分"长了'牙齿'的新《环保法》，如果不配套'手脚'，其可行性就会变差"是方向性隐喻的用法。源域分别是"长牙齿""配手脚"，目标域分别是"修订新法条""增加环境执法力量"，即"牙齿"指代"法律法条"，"手脚"指代"执法部门、执法力量"。源域和目标域具有相似性，两者的共性是"新增"和"完善"，我们通过"长牙齿""配手脚"来理解新《环保法》既要新增法律利器加以维护，又要完善配套执法途径。在该环境新闻语篇中，语篇生成者巧妙地运用隐喻概括出两个域之间的关系，使得新闻文体的表达更加生动，使语篇理解者能更好地理解新《环保法》的实施力度和新《环保法》配齐手脚的必要性。上述分析如图 16 所示：

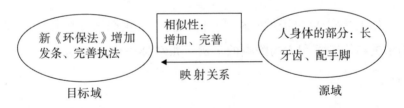

图 16　《中国环境报》"修订新《环保法》"新闻隐喻分析图

　　同样，我们再来分析两个意大利语语篇的例子，如例 39—例 40 所示。

例 39

摘自《晚邮报》，2015 年 12 月 7 日

è un clima <u>schizofrenico</u> quello causato dall' inquinamento in Cina. (7 dicembre 2015 Corriere della Sera)

（参考译文：中国的污染已经导致了气候的精神分裂。）

例 40

摘自《晚邮报》，2011 年 3 月 13 日

Con l' economia cinese destinata a crescere—nonostante la crisi, le previsioni per il 2011 sembrano convergere sul superamento della soglia fatidica dell' 8%—significa che il rilascio di CO2 continuerà a crescere ma se non altro più lentamente. <u>L' altra carta che la Cina ha giocato sul tavolo dei preparativi del vertice sul clima è la partecipazione del premier Wen Jiabao.</u> (Mercoledì 13 Mazro 2011, Corriere della Sera)

（参考译文：伴随着中国经济的持续增长，面临经济危机和2011年有可能年度 GDP 很难超过 8% 的情况，这意味着二氧化碳的排放量会持续增加，只不过是放缓增加的速度。在筹备哥本哈根气候大会时中国打的另一张牌是温家宝总理的出席。）

例 39 中下划线部分"un clima schizofrenico"（精神分裂的气候）是结构隐喻中人体隐喻的用法。源域是"人的精神分裂"，目标域是"气候突然变化"。两者的相似性在于都"反复无常、时好时坏"。

例 40 中下划线部分"L' altra carta che la Cina ha giocato sul tavolo dei preparativi del vertice sul clima è la partecipazione del premier Wen Jiabao"（在筹备哥本哈根世界气候大会时中国打的另一张牌是温家宝总理的出席）是一个基于意向图式的方向隐喻。意大利语

"giocare la carta" 意思是 "玩纸牌"，"sul tavolo" 意思是 "在桌面上"。该隐喻的源域是 "L' altra carta che la Cina ha giocato sul tavolo"（中国在桌面上打牌），目标域是 "中国政府在筹备参加哥本哈根世界气候大会的举措"。两者的相似性首先在于空间性，一个是 "在桌面上"，另一个是 "在大会上"，都是在空间上，位于某个物体或事件之上；其次，两者的相似性还体现在 "都要有所行动，以便应对形势变化或使事物顺利发展下去"。基于这种相似性，源域向目标域发生映射，我们可以通过好理解的 "在桌面上摊牌" 理解目标域 "在哥本哈根世界气候大会上有所举措"。这一认知机制理解和解释如图 17 所示：

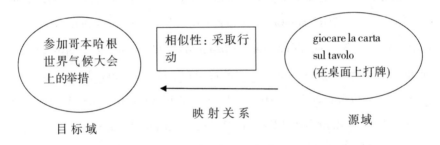

图 17　《晚邮报》"中国减少温室气体排放" 新闻隐喻分析图

3.4　EDA 的概念整合认知机制

概念整合理论来源于心理空间理论。心理空间理论是 Fauconnier（1994，1997）在《心理空间》（*Mental Space*）中提出来的。Fauconnier 和 Turner 于 2002 年在《我们的思维方式》（*The Way We Think*）又对该理论进行了补充和完善。概念整合通过映射关系，将两个输入空间联系起来，两个输入空间的相似性和共同的图式结构又包含在第三个类属空间里，而两个输入空间有选择地投射到第四个空间，又可以得到一个可以动态解释的整合空间。

整合空间是在两个输入空间相互映射基础上的新创结构。新创结构是在认知和信息加工基础上形成的，不是两个输入空间的简单相加。这个过程包括组合（composition）、完成（completion）和扩展（elaboration）三个整合运作过程（Fauconnier，1997：42 – 44）。该过程如下图 18 所示。

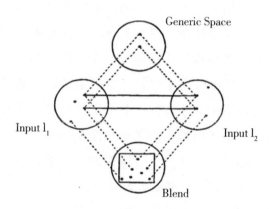

图 18　概念整合理论图（Fauconnier，1997：151）

对概念整合理论进行阐述最经典和最常见的例子是 The surgeon is a butcher（Fauconnier & Turner，1998：279），鉴于很多文献中都有对此例的解释，本文不再赘述。在环境新闻语篇分析中，我们可以用概念整合来理解语篇的认知机制。按照语种的分类，以下案例分析中例41 至例43 是汉语语料，例44 至例48 是意大利语语料。首先，我们来分析汉语的语料，例如：

例 41

壮士可曾断腕？
《中国环境报》，2015 年 3 月 26 日

据报载，2014 年初，许多省份都制定了治理大气污染的行动计划，有的还签订了力保蓝天的军令状。有的领导还放出狠话，什么壮士断腕，什么不达目标就摘乌纱。在 2014 年底，大多数地方都没有达到目标，放了空炮。然而这些地方对此避而不谈，沉默失语。其实，这些领导引用壮士断腕的成语，用在环保上很是贴切。人被毒蛇咬了手，为了保全性命，挥刀断腕。污染企业已经严重影响了地区的健康发展，如同毒液正在危及生命。断局部，保全局，毅然了断，真壮士也。领导引用军令状，也不错，表示义无反顾，不给自己留后路。自古军中无戏言，立下军令状是要兑现的。马谡失了街亭，诸葛亮流泪砍了他的头，军令状摆在那儿，谁也改不了。<u>如今只见失街亭，不见斩马谡。只听得狠话，不见兑现蓝天。</u>一年又一年，但愿今年少听狠话，多见蓝天。

例中下划线部分，既可以用隐喻理论去解释，也可以通过概念整合理论解释。其中三国典故"失街亭、斩马谡"是一个输入空间，"治理大气污染"是另一个输入空间，两者之间的共性是"不管干什么事情，都要下决心，采取切实可行的措施，保证见成效"，这种共性属性构成了一个类属空间，而两个输入空间整合后的结果是构成一个整合空间。语篇生成者试图引导语篇理解者了解政府治理大气污染就要像"挥泪斩马谡"一样，不能只一味地"失街亭"，造成大气污染，但是却不严格追究肇事者和政府监管部门的责任，这样的话，最终还是难见蓝天。上述分析过程，如图 19 所示。

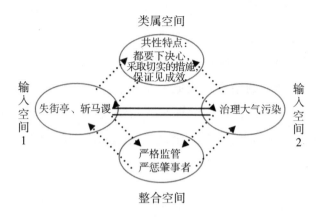

图 19 《中国环境报》"壮士可曾断腕"概念整合分析图

例 42

两会代表委员热议《大气污染防治法》修订
《中国环境报》，2015 年 3 月 11 日

治大气要动哪些"大手术"？吕忠梅表示，修订草案还存在一些
与新《环保法》重复的问题。新《环保法》被定位为生态环境保护
领域的综合性法律，具有基础性地位，主要是建立全局性、原则性
的制度体系。从这个意义上，修订草案应该将新《环保法》的原则
性规定，根据大气环境保护的要求进行具体化，不能照搬新《环保
法》的内容。"目前我们大气法的很多法条还是照搬新《环保法》
的内容。长了'牙齿'的新《环保法》，如果不配套'手脚'，其可
行性就会变差。"吕忠梅说。大气污染违法成本低、执法难是老问
题。违法成本低是企业从事违法行为的内在动力，也是造成环境违
法较为普遍的主要原因。在当前环境执法力量总体不足的前提下，
取证难、程序复杂是影响执法效率的主要因素。

本例在前一小结我们从隐喻的角度进行了解析。同样，本例也
可以用概念整合理论来解释。其中"动大手术"是一个输入空间，

"治理大气污染"是另一个输入空间，两者之间的共性在于"无论是治理大气污染还是动大手术都难度很大、具有紧迫性，且都需要采取大力度措施，保证成效"。这种共性属性构成一个类属空间，两个输入空间整合后的结果是构成一个整合空间。语篇生成者试图引导语篇理解者了解环保部门治理大气污染就应该像"动大手术"一样，狠抓落实，不能只是纸上谈兵，要达到治理的效果，就必须下大力度。上述分析过程如图 20 所示：

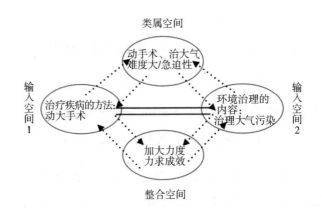

图 20　《中国环境报》"治大气要动哪些大手术"概念整合分析图

例 43

《中国环境报》，2015 年 3 月 10 日

治理雾霾毫不例外地成为今年两会热议话题。目前记者就政府和企业在治霾中如何定位角色、如何运用市场规律、治理雾霾与经济发展如何协调以及治理模式创新等话题，采访了全国政协常委、亿利资源集团有限公司董事长王文彪。

治理雾霾是一个系统工程，需要政府政策激励，把公益和生意结合起来。王文彪认为，针对当前雾霾天气的严重形势，政府、企业、学者、公众各个方面应当共同努力，<u>运用市场规律，企业唱主角</u>，"多一些实实在在治霾，少一些怨霾"。

我们在理解自然话语的意义时需要进行联想和意义对接，从一个心理空间的理解出发，联想和跨越到另一个心理空间，通过逻辑推导才能准确地进行概念结构的重组。van Dijk（1993）认为，自然话语不是完全显性的，很多时候具有一定的蕴含义，即有一定的隐性含义。例中下划线部分"运用市场规律，企业唱主角"既可通过概念隐喻来理解，也可通过概念整合来理解。首先"企业"是一个输入空间，"唱主角的演员"是另一个输入空间。两者在各自的域中都是最重要的角色。其中，企业在治理雾霾的市场运作中起到先决作用，演员主角在戏剧中领衔出演。这种"首要性、重要性"的共性属性构成了一个类属空间，两个输入空间整合后的结果是构成一个整合空间。语篇理解者可以通过"演员主演"的心理空间，跨越到"企业发挥先决作用"的另一个心理空间，更好地理解"企业唱主角"这一概念整合后的含义。理解如图21所示：

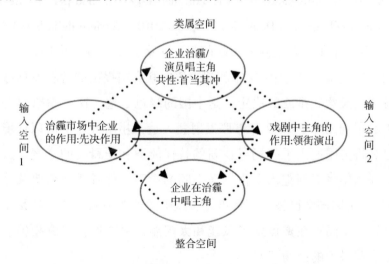

图21 《中国环境报》"治理雾霾"概念整合分析图

同样我们来分析几个意大利语语篇的例子，如例44—例48所示。

例44

摘自《晚邮报》，2010 年 8 月 3 日

WASHINGTON—Stando a Corriere della Sera. La Cina Verde，《un nuovo Sputnik》. la《scelta verde》della Cina，la decisione di ridurre le emissioni di gas e sviluppare energie pulite annunciata dal presidente cinese Hu Jintao all'Onu，avrà sull'America l'effetto che ebbe il lancio dello sputnik sovietico nel'57：la Cina la costringerà a una corsa alle fonti alternative e alle nuove tecnologie a protezione del clima e dell'ambiente，come l'Urss la costrinse alla corsa per la conquista dello spazio. Scrive Thomas Friedman：《Il Congresso è persuaso che la Cina inquinerà la terra più di noi. Si sbaglia. La Cina si concentrerà sull'energia eolica e solare e diventerà il più grande mercato del mondo per le attrezzature a essa collegate.（Domenica 3 Agosto 2010，Corriere della Sera）

（参考译文：华盛顿—《晚邮报》记者报道。绿色中国，"一颗新的人造卫星"。中国国家主席胡锦涛向联合国提出的旨在发展绿色能源减少天然气排放的决定，是中国的绿色之选。这一举措对美国产生的影响无异于 1957 年苏联发射新人造卫星事件。中国以环境保护之名将美国拖入了一场寻找新的替代能源和新科技的竞赛，这如同苏联当年将美国拖入了占领新空间的竞赛。记者托马斯弗莱德曼写道："美国国会已被中国污染超过欧美的论调说服。然而这是错误的认识。中国正在聚焦发展风能和太阳能，中国将会变成相关能源设施全球最大的市场。"）

例中下划线部分"La Cina Verde，《un nuovo Sputnik》"可以用

概念整合来理解其认知机制。依据第二处下划线部分"la decisione di ridurre le emissioni di gas e sviluppare energie pulite annunciata dal presidente cinese Hu Jintao all'Onu, avrà sull'America l'effetto che ebbe il lancio dello sputnik sovietico nel 1957"（中国国家主席胡锦涛向联合国提出的旨在发展绿色能源减少天然气排放的决定，是中国的绿色之选。这一举措对美国产生的影响无异于 1957 年苏联发射新人造卫星事件。）我们可以建构两个输入空间，如图 22 所示：

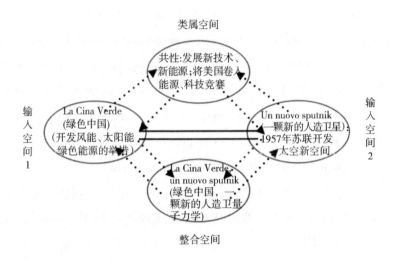

图22　《晚邮报》"绿色中国"概念整合分析图

第一个输入空间是"La Cina Verde"（绿色中国），指下文出现的"sviluppare energie pulite"（中国开发绿色能源），即：开发风能、太阳能等绿色能源的新举措。第二个输入空间是"il lancio dello sputnik sovietico nel '57"（1957 年苏联发射新人造卫星），即历史上 1957 年苏联为开发新空间所发射的一颗新人造卫星。两个输入空间所描述的事件都具有"开发、发展"的特点，事件的结果都将"美国卷入了能源、科技竞赛"，这种共性属性构成了一个类属空间，两个输入空间整合后的结果最终构成了一个整合空间。语篇理解者可以通过"苏联发射的一颗人造卫星"这一心理空间，跨越到"绿色中国"的另一个心理空间，以更好地理解"绿色中国，一颗新的人造卫星"这一整合空间。

例 45

摘自《晚邮报》，2011 年 3 月 13 日

Il taglio delle emissioni，Wen a Copenaghen. Uno due. La Cina sembra replicare così a Barack Obama che il giorno prima aveva fatto sapere di volere volare a Copenaghen per portare il suo impegno：emissioni ridotte del 17% entro il 2020. Sono le grandi manovre in vista di Copenaghen，dove Pechino ha ribadito di non volere《accorti vuoti》. La Cina non ha alcuna intenzione di fare la parte della pecora nera sulla scena internazionale. （Mercoledì 13 Mazro 2011，Corriere della Sera）

（参考译文：为减少中国温室气体排放，温家宝到访哥本哈根。此前一天中国表示愿意带着诚意和努力飞向哥本哈根。中国表示在2020 年以内将温室气体排放减少 17%，以此回应奥巴马。这在哥本哈根看来是大举措，北京重申了不希望出现"零缔约"。中国丝毫不想在国际舞台上扮演"害群之马"的角色。）

本例可以通过概念整合机制进行解析。下划线部分"pecora nera"（黑色的绵羊）是一个输入空间，"危害社会或集体的人"是另一个输入空间，两者的共性在于"存在很大危害性和隐患"。语篇生成者试图表达倘若中国在哥本哈根世界气候大会上承诺的举措没有落实，将会遭到国际社会的谴责，中国将背负起"害群之马"的罪名。这种共性属性构成了一个类属空间，而两个输入空间整合后的结果是构成一个整合空间。通过概念整合机制的解析，语篇理解

者可以理解中国政府在哥本哈根世界气候大会上的承诺应该落到实处，要努力实现2020年将温室气体排放量减少到既定目标。上述分析过程如图23所示：

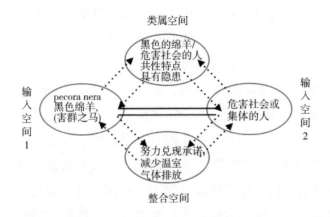

图23 《晚邮报》"中国减少温室气体排放"概念整合分析图

例46

摘自《晚邮报》，2011年3月13日

La mossa di Pechino punta a sottolineare almeno nella forma, il desiderio di mostrarsi attiva e autorevole sulla scena internazionale e l'Onu pare apprezzare: quanto promesso dalle due potenze, quasi una eco delle parole di Obama e Hu a Pechino la scorsa settimana, 《è una gran bella spinta per il morale》, secondo il portavoce dell'Onu sul clima, John Hay. E il ramo cinese di Greenpeace, commenta: 《Un gesto significativo in un momento delicato. Ma la Cina può fare di più》. Per il futuro del clima del mondo forse non basta. Per la politica e la diplomazia forse sì. (Mercoledì 13 Mazro 2011, Corriere della Sera)

（参考译文：北京的这一举措至少强调了形式，在国际社会展示

出积极、可信的姿态。联合国想必会赞赏：这种赞赏是对来自两个强国承诺的赞赏，是对奥巴马和胡锦涛上星期的讲话的一种回应。联合国气候发言人 John Hay 认为，"这非常鼓舞士气"。这是中国的绿色和平枝。John Hay 评论道："这在敏感时期是一个有意义的举措，但中国能够做得更多。"对于未来世界气候中国做的或许还不够，然而在政治和外交方面或许做得够了。）

本例可以运用概念整合理论框架来分析。例中下划线部分"ramo"（树枝）是一个输入空间，"peace"（和平）是另一个输入空间。两个输入空间的共性在于都具有"健康、绿色"的特点。这种共性属性构成了一个类属空间，而两个输入空间整合后的结果是构成一个整合空间。将"树枝"加上"中国"这一属性，表达了中国政府在应对气候问题方面所作出的努力和举措是"绿色的、健康的、积极正面的"，整合后的空间可以让语篇理解者了解"绿色和平"需要不同的"树枝"来实现，从而更形象地理解"中国的绿色和平枝"。上述分析如图 24 所示：

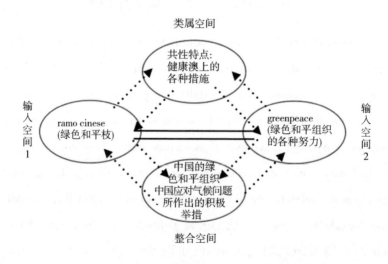

图 24 《晚邮报》"中国的绿色和平枝"概念整合分析图

例 47

摘自《晚邮报》，2015 年 9 月 25 日

I timori cinesi per il caso Volkswagen. Intanto in Cina ha molta eco lo scandalo delle emissioni truccate della Volkswagen. Secondo il quotidiano China Daily，che pubblica oggi un editoriale a firma collettiva，quanto accaduto indebolisce gli sforzi della comunità globale nella lotta ai cambiamenti climatici. Per China Daily i leader mondiali a dicembre dovrebbero 《considerare la necessità di introdurre un meccanismo efficace che permetta di dividere equamente i costi tra consumatori e produttori di tutto il mondo》. Gli utenti di internet sui social network cinesi che lamentavano，invece，la presenza sul mercato di auto cinesi che producono emissioni più alte di quella della Volkswagen. <u>Il caso Volkswagen ha causato i timori cinesi.</u> Per il China Daily è però 《tragico》 lo scandalo sulle emissioni 《in un momento in cui sempre più auto a nuove fonti energetiche stanno entrando sul mercato》. Pechino sta da tempo spingendo sulla diffusione delle auto elettriche e ibride in chiave anti – emissioni.（25 settembre 2015 Corriere della Sera）

（参考译文：来自"德国大众事件"的中国恐惧。《中国日报》今天刊登的一篇署集体笔名的社论指出，如今在中国有很多关于德国大众公司尾气排放丑闻的反响，这对国际社会旨在对抗气候变化所做的努力带来了负面力量。《中国日报》认为世界各国领导人应该在 12 月 "考虑是否有必要引入一个有效的机制，通过此机制为世界各地的消费者与厂商之间平等划分成本"。中国不少网民抱怨中国汽车市场生产的汽车比大众柴油车尾气排放还要高。对《中国日报》而言，尾气排放丑闻在此时中国市场正在引入新能源的时刻，无疑

是"令人感到悲伤的"。近期北京正在积极推广以节能减排为主的电动车和混动车。)

例中下划线部分"Il caso Volkswagen ha causato i timori cinesi"（"德国大众事件"造成了中国恐惧）可以运用概念整合机制进行解析。其中"il caso Volkswagen"（德国大众事件）是一个输入空间，"I timori cinesi"（中国恐惧）是另一个输入空间。两个输入空间的共性在于都能引发恐慌，都具有负面性。这种共性属性构成了一个类属空间，而两个输入空间整合后的结果是构成一个整合空间。语篇生成者借用德国大众尾气排放丑闻事件，描述了该事件对中国造成的负面影响。整合后的空间让语篇理解者更清晰地了解"中国恐惧"是来源于"德国大众事件"，既形象又批判地表达了媒体对该事件的新闻态度。上述分析如图25所示：

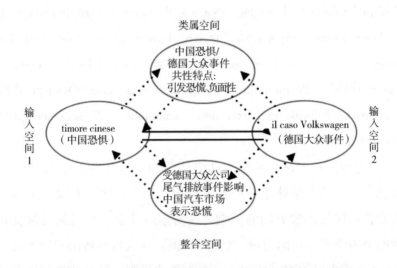

图25　《晚邮报》"德国大众尾气事件"概念整合分析图

例 48

摘自《晚邮报》，2015 年 12 月 7 日

In attesa del vento gelido e purificatore，ora assistiamo alla corsa a innalzare l'allarme：domenica sera era giallo，lunedì mattina arancione，ora rosso（tanto per cautelarsi）.è un clima schizofrenico quello causato dall'inquinamento in Cina.（7 dicembre 2015 Corriere della Sera）

［参考译文：在等待净化空气的冷风的同时，我们加入了提高空气污染预警的竞赛：星期天还是黄色，周一早晨是橙色，现在是红色（主要预防性的）。是中国的污染已经导致了气候的精神分裂。］

例中下划线词 "assistiamo alla corsa a innnalzare l'allarme"（我们加入了提高预警的竞赛）可以用概念整合理论来理解，分析如图 26 所示：

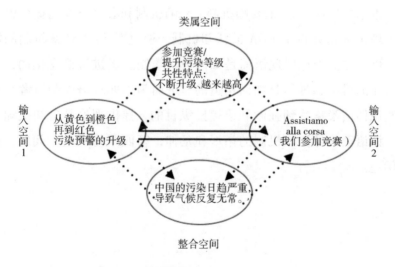

图 26 《晚邮报》"北京雾霾红色预警新闻"概念整合分析图

"assistiamo alla corsa"（我们参加竞赛）是一个输入空间，"将

雾霾等级从周日的黄色提升到周一的橙色，再到现在的红色"是另一个输入空间。两个输入空间的共性在于都能在"不断升级"、都是"越来越高"。这种共性属性构成了一个类属空间，而两个输入空间整合后的结果是构成一个整合空间。语篇生成者通过描述北京近日不断提升空气污染预警等级，隐喻性地表达了事态的升级。与污染严重密切相关。整合后的空间让语篇理解者了解雾霾预警不断升级是中国污染问题日趋严重的表现，形象又批判地表达了媒体对该事件的新闻态度。

3.5 本章小结

本章主要从 EDA 的转喻机制、隐喻机制和心理空间与概念整合三个理论视角评析了 EDA 的认知机制。通过对 EDA 认知机制的解读，可以更清晰地展现语篇是如何被语篇制造者进行概念化的，其概念化的机制和过程是如何构造的。进而为第四章语篇制造者是如何利用话语策略达到强制和语篇操纵目的，提供理论基础和认知依据。话语策略是认知机制的拓展和延伸，第四章将对这一问题，详细阐述。

4 环境新闻语篇的话语策略

批评话语分析旨在阐述语篇背后的语言与认同、社会不平等、意识形态等之间的关系。近年来，从认知的视角对 CDA 进行研究已经逐渐成为热点之一。在具体研究路径方面，van Dijk 的社会认知模式研究、Chilton 的批评认知语言学研究、Hart 的进化心理学与认知语言学视角研究、Maillat & Oswald、de Saussure 的认知语用研究等。不管从什么视角研究 CDA，其最终到话语实践中，要落实到话语策略上来，可以说话语策略是实现 CDA 目标的方法和手段，不同的话语策略可以把隐含的认知机制包装起来。本文第三章基于汉意语料分析从概念转喻、隐转喻、概念隐喻、概念整合四个角度对环境新闻语篇的认知机制进行了分析，本章将在第三章的基础上，梳理和探讨环境新闻语篇所使用的不同话语策略。在微观的批评认知语言学视阈下，本研究认为话语策略分为宏观策略和微观策略。其中宏观话语策略是从批评认知的角度对语篇的认知基础进行宏观概括和理论梳理，从宏观上解释语篇的认知机制。微观话语策略，指在具体的话语实践中，语篇生成者用来实现不同意识形态目的所采取的微观策略。

Hart 和 Lukeš（2007）在研究中发现了四种话语策略，分别是指称策略（referential strategies）、评价策略（evaluative strategies）、合

法化策略（legitimizing strategies）和否定策略（denial strategies）
（Hart & Lukeš, 2007）。Hart（2010）从批评认知的视角分析了移民
语篇的话语策略，归纳出四种话语策略，分别是：指称策略（refer-
ential strategies）、述谓策略（prediction strategies）、接近策略（prox-
imisation strategies）和合理策略（legitimizing strategies）。陈鹤三
（2011）对 Hart 的分析进行了理论梳理，探讨了进化心理学对 CDA
的启示。张天伟（2016）介绍了进化心理学的理论，对中国南海领
土问题新闻语篇报道进行了分析，对具体的话语策略分析没有详解。
本章将在前人研究基础上进行拓展和延伸，从认知的角度出发，探
讨批评话语分析中的话语策略在环境新闻语篇的具体应用。本章主
要依据 Hart（2010）提出的话语策略，重点探讨指称策略、述谓策
略、接近策略和合理策略在环境新闻语篇中如何再现意识形态意义
的，体现语篇生成者的强制目的，进行了阐述。第五章将结合认知
机制，探讨宏观话语策略与微观话语策略的关系。

4.1　指称策略

指称策略是偏见交际（communication of prejudice）中的最基本
策略（Resigl and Wodak, 2001；Wodak, 2001）。Sperber（2000）认
为人们之所以使用指称策略是因为种族的分类始于有生命种类的认
知模型，通过文化输入引起的预置而形成（转引自陈鹤三，2011）。
Hart（2010：49）认为指称策略是通过对组群内和组群外的划分来
探讨人类对同盟组群（coalitional group）进行范畴化的能力。在人类
早期的发展中，组群生活是最基本的生存策略。组群内部关系是合

作的，建立在互惠的利他主义基础上；而组群间的关系则是相互冲突的，建立在对有限资源的相互竞争之上（转引自陈鹤三，2011）。在现代社会，表示组群界限和从组外成员感受到威胁的信息不是像在进化适应性环境中那样来自直接的人际交往，而是来自人们对语篇和话语的操纵。在话语中，构建组群界限的语言策略首先就是指称策略（Hart，2010；转引自陈鹤三，2011）。指称策略在语篇中既指向组群内，也指向组群外。在组群内，需要语篇理解者去推导，而组群外的建构预设着组群内的建构。Hart（2010）主要应用指称策略中的国别化（nationalisation）、解空间化（de-spatialisation）、异化（dissimilation）和集体化（collectivisation）对移民语篇进行了分析。我们在环境新闻语篇分析中发现了指称策略的使用。

第一，国别化指称（nationalisation），即通过国别表述的词来区分组群内和组群外。指称策略在语篇中往往通过国别性的词来表现，转喻的指代一类人，以达到区别。

例 49

相互指责不如携手共赢
《中国环境报》，2013 年 12 月 9 日

中国的污染物真的已经"冲出国门走向世界"，甚至在千里之外"安家落户"了？有气象学家表示，雾霾向周边扩散，涉及很复杂的气溶胶长距离输送问题，没经过科学调查，不能凭感觉得出结论。还有专家认为，PM2.5 等颗粒在大气环流过程中有扩散、降解和稀释作用，最终溶解到云端通过降雨落下，也可能通过强度大的沙尘暴等天气过程"漂洋过海"，但不会对其他国家产生很直接的影响。

借着中国国内频发雾霾之机，一些国家抛出"中国环境威胁论"，让人不得不怀疑其真正用心。从历史上看，发达国家不也同样

经历过这样一个过程吗？无论是<u>伦敦</u>、<u>洛杉矶</u>还是<u>东京</u>，许多<u>国际大都市</u>都曾遭受过大气污染的肆虐，<u>有的</u>甚至还爆发过光化学烟雾事件那样的极端事件，也正是在那样的岁月里，发达国家积累了丰富的节能减排和污染治理经验，如今，他们有责任、也有能力为中国治霾提供技术支持。

例中下划线部分"中国""周边""其他国家""一些国家""发达国家""伦敦""洛杉矶""东京""国际大都市"，分别运用了国别化的指称策略，区分组群内和组群外，以确定组群界限。根据Hart（2010：56－57）对指称策略表达形式的划分，我们可以看出："中国"是以组群内明确（explicit）名词形式存在。"周边""其他国家""一些国家""发达国家"分别以指示（deictic）的名词词组形式存在。分别指代"中国地理位置周边的国家""除中国以外的其他国家""经济发展水平高的发达国家"。下划线部分"伦敦""洛杉矶""东京""国际大都市""有的"分别运用地理性空间词区别国别性。其中，"伦敦""洛杉矶""东京"是以明确的名词形式存在，分别指代英国、美国、日本三个国家。而"国际大都市""有的"是以指示（deictic）的名词词组形式存在，分别指"有国际大都市的国家"、"有的国家"。语篇生成者通过国别化策略达到了区分组群的效果，引导语篇理解者理解污染是无国界的，是全球性的环境问题，不仅仅局限在发展中国家。解决雾霾问题，应倡导合作机制，而不是互相指责。

指称策略不仅在汉语环境语篇中大量存在，在意大利语篇中同样存在，例如：

例 50

摘自《晚邮报》，2015 年 5 月 5 日

Il comparto del cibo li istituisce per indirizzare i consumatori utilizzando i loro caratteristici colori. Rispetto ai <u>27 stati fratelli</u>，i primi furono <u>gli inglesi</u>，che mettono da luce rossa fissa sul parmigiano，sul latte e sull'olio extravergine.（5 maggio，2015，numero 20，Corriere della Sera）

（参考译文：欧盟食品部门引导消费者使用自己的权益。相比较 27 个欧盟兄弟国家而言，第一个站出来给帕尔马公司、牛奶和橄榄油亮红牌的就是英国人。）

Hart（2010：49）认为指称策略的运用是探讨人类对同盟组群（coalitional group）进行范畴化的能力。例中下划线部分"27 stati fratelli"（27 个兄弟国家）是一个转喻，指代欧盟除英国以外的其他成员国；"gli inglesi"（英国人）也是转喻，指英国这个国家。语篇生成者运用上述词语是通过对组群内和组群外的划分来突出国别性。

第二，解空间化（de‒spatialisation），即通过地理性的或隐喻性空间来区分组群。比如通过国别性的（nationyms）、人类学性的（anthroponyms）、行为性的（actionyms）词，转喻地名性的（metonymic toponyms）和空间比喻性（metapohors of spatiality）的词加以指代，以达到区别。解空间化的本质是通过一些专门性词汇对所要描述的对象进行区分，如例 51—例 52 所示。

例 51

京津冀及周边地区将统一监管机动车污染
《中国环境报》，2015 年 3 月 16 日

本报讯记者日前从北京市环保局了解到，北京、天津、河北、山西、山东、内蒙古六省区市机动车排放控制工作协调小组将于近期挂牌成立，这标志着京津冀及周边地区机动车排放污染监管平台将正式搭建，目前各方正积极筹备中。借助这一平台，北京、天津、河北、山西、山东、内蒙古六省区市将率先在全国实现跨区域机动车排放超标处罚、机动车排放监管数据共享、新车环保一致性区域联合抽查等。在监管数据共享的基础上，将在全国率先尝试突破省区市限制，互传违法违规车辆信息，进行跨区域的机动车超标处罚联合执法。

例 52

东盟共同应对空气污染
2013 年 12 月 9 日，《中国环境报》

今年夏天，印尼苏门答腊岛上连日来的"烧芭"引起林火，产生的烟雾随风飘到了马来半岛上。由于今年以来持续高温少雨，加上风向影响，使得烟霾比过去几年严重。自从上世纪 80 年代印尼开始清理大片热带雨林发展棕榈油产业，烟霾就成为困扰周边地区的问题。1997 年，烟霾问题最严重之时影响 6 个国家、超过 7000 万人口，带来巨大的经济损失。为解决这一问题，东盟《防止跨国界烟雾污染协议》应运而生。目前，东盟 10 国中已有 9 国签署这一协议，唯一未签署的国家是印尼。新加坡、马来西亚、印尼均是东盟成员国，双边关系较为紧密。新加坡和马来西亚提出在技术、资金

方面援助印尼。6月29日东盟外长会议召开前夕，新加坡、马来西亚、印尼三国外长在文莱就烟霾问题举行磋商，希望推动印尼尽早通过《防止跨国界烟雾污染协议》。

例51下划线部分"京津冀及周边地区"中的"京津冀"是通过地理性空间区分组群内与组群外，突出机动车的排放控制工作仅限于"京津冀及周边地区"。

例52下划线部分"印尼苏门答腊岛""周边地区""东盟""东盟成员国"语篇生成者分别运用解空间化的指称策略，描述了四个转喻地名性的词，以达到区别。其中，"印尼苏门答腊岛"指代"印尼"，"周边地区"指代"印尼邻国"，"东盟""东盟成员国"均指代"东盟成员国家"。语篇生成者通过解空间化的语言策略，倡导东盟国家在治理烟霾问题上要加强合作，避免推卸责任。

同理，我们分析一个意大利语的语篇，例如：

例53

摘自《晚邮报》，2015年3月15日

Nelle etichette, il rosso stoppai prodotti ricchi di sale, zuccheri e grassi. Con questa formula, da Londra alla Scandinavia, viene bocciata la Dieta Mediterranea. (15 marzo, 2015, numero 20, Corriere della Sera)

（参考译文：标签上写着产品富含盐、糖和脂肪。这意味着地中海饮食遭到从伦敦到斯堪的纳维亚的一致抵制。）

例中下划线部分笔者运用"Scandinavia"这一地理空间名词，指代斯堪的纳维亚半岛上的四个国家，即"挪威、瑞典、丹麦和芬兰"；运用"la Dieta Mediterranea"（地中海饮食）指代意大利饮食，以达到区分组群内与组群外的语篇识别目的。

第三，集体化（collectivisation），即通过集体性质的词，如通过一些有区别性的代词和限定词加以指代，以达到来区分组群内和组群外的目的，例如：

例 54

摘自《晚邮报》，2015 年 9 月 25 日

Cina e Stati Uniti sull'ambiente hanno molti punti di vista in comune. E'quanto è emerso al termine del faccia a faccia alla Casa Bianca tra il presidente statunitense Barack Obama e il suo omologo cinese Xi Jinping. Quest'ultimo già in un'intervista al New York Times aveva anticipato l'intenzione di annunciare a Washington l'avvio, a partire dal 2017, di un grande programma per ridurre i gas serra e fissare i prezzi per un sistema nazionale di compravendita dei diritti di emissione di CO_2. (25 settembre 2015 Corriere della Sera)

（参考译文：中国和美国在环境问题方面有很多共识。这在美国总统奥巴马与中国国家主席习近平面对面会晤结束时可以显现出来。习近平在此前接受美国纽约时报采访时就已透露，中国将于 2017 年启动以减少温室气体排放，稳定价格为目的的全国碳排放交易体系。）

例中下划线部分 "Omologo" 的意思是 "与自己具有相同特点的或相同作用的主体"。在该新闻语篇中语篇生成者运用 "il suo omologo"（他的伙伴）这一物主形容词短语指代习近平主席，体现出奥巴马和习近平对环境问题的认识具有共性。这是一种很明显的指称策略，语篇生成者通过指称策略能够直接将自己的意识展现，拉拢想要拉拢的，排斥想要排斥的。

从以上语料分析可以看出，指称策略是用于解释环境新闻语篇的一种重要话语策略。通过语料分析我们识别了几种主要的指称策

略及其建构方式，如通过一些明确（explicit）和指示（deictic）的名词词组形式区分组群内与组群外。其中明确的名词词组形式通常用于表达身份，例如一些国别性的词（nationyms）可以用于解释国别化和解空间化两种话语策略，一些代词和限定性词可以解释集体化策略等（Hart，2010：56 - 57）。国别化策略运用国别性的词来区分组群内和组群外，从语篇的认知机制来说，常常与转喻现象和隐转喻相联系。解空间化策略通过地理性的或隐喻性空间来区分组群，从语篇的认知机制来说，常常与隐喻现象和隐转喻相联系。通过分析语篇生成者所采用的指称策略可以帮助语篇理解者更好地理解语篇中蕴含的隐性话语，展现语篇生成者的意识。因此，指称策略在本质上是意识形态的。

4.2　述谓策略

批评认知视角下的另一个微观话语策略是述谓策略（prediction strategies）。Resigl and Wodak（2001）指出述谓策略是通过语言手段将某种质（quality）、数量（quantity）、时间和空间等属性赋予人、物体和事件的基本过程和结果。语篇生成者通过句法、语义和语用资源等形式实现述谓策略，该实现过程既可以是显性的，也可以是隐性的（Hart，2010：65 - 66）。Hart（2010：66）总结了述谓策略在语篇中的几种语言表征，一是通过形容词、介词短语和关系从句的形式将某些质性赋予人；二是通过数词和一些量化的词将某些质性赋予人；三是通过动词和名词化（nominalization）形式，以字面或隐喻的特殊形式描述行为和事件，并将某些质（quality）和数

（quanyities）的属性赋予人；四是通过一些隐含和假设来加强推理等（Hart，2010：66）。在环境新闻语篇的语料分析中我们发现了述谓策略的使用，例如：

例 55

谎言不能帮日本走出阴影
《中国环境报》，2013 年 10 月 22 日

在真相面前，谎言显得如此<u>不堪一击</u>。就在 9 月 7 日，日本首相安倍晋三还在国际奥委会全会上宣称："东京电力福岛第一核电站的核污染问题已经得到完全控制"，并一再承诺赛事不会受到核泄漏的影响。然而，就在结果揭晓的一个月后，福岛核电站再次传出核污水泄漏的消息。日本东京电力公司一名高级管理人员早在 9 月 13 日就已承认，福岛第一核电站辐射污水泄漏情况"没有得到控制"。至此，安倍的谎言被戳穿。事实上，安倍做出<u>不实的申奥陈述</u>乃是出于多方面因素考虑。

动机虽然合理，但不代表谎言具有了<u>正当性</u>。尽管东京申奥成功，但海外舆论对日本福岛环境事件信息公开是保障人民的知情权、参与权、表达权和监督权的重要举措。对于政府来说，环境信息公开不但要及时、主动，还要求真实、准确。<u>被动、延迟、模糊的信息公开</u>，只能给公众带来更大的<u>不稳定感和不安全感</u>，长此以往政府必将<u>失信于民</u>。

例中下划线部分"不堪一击""不实的申奥陈述""动机合理""谎言正当性""被动、延迟、模糊的信息公开""不稳定感""不安全感""失信于民"运用了述谓策略。语篇生成者在语言上将特定的质性（quality）赋予日本政府及其代表人安倍晋三，指责日本在福岛核电站核泄漏事件上掩盖真相的行为。语篇生成者运用上述形

容词短语、名词短语等述谓表达是显性的。语篇理解者在阅读和理解该新闻语篇时，可以不断强化推导日本掩盖事实的真相，强化福岛核电站事件的影响之大、危害之大、不容日本政府欺骗和隐瞒公众这一语篇背后的潜在话语。

同样，我们再分析一些意大利语的语料，如例56—例57所示。

例56

摘自《晚邮报》，2015年9月25日

I timori cinesi per il caso Volkswagen

<u>Intanto in Cina ha molta eco lo scandalo delle emissioni truccate della Volkswagen</u>. Secondo il quotidiano China Daily, che pubblica oggi un editoriale a firma collettiva, quanto accaduto indebolisce gli sforzi della comunità globale nella lotta ai cambiamenti climatici. Per il China Daily è però《tragico》lo scandalo sulle emissioni《in un momento in cui sempre più auto a nuove fonti energetiche stanno entrando sul mercato》. Pechino sta da tempo spingendo sulla diffusione delle auto elettriche e ibride in chiave anti – emissioni.（25 settembre 2015 Corriere della Sera）

（参考译文：来自"德国大众事件"的中国恐惧。《中国日报》今天刊登的一篇署集体笔名的社论指出，德国大众掩盖粉饰的尾气丑闻事件在中国反响很大，这对国际社会旨在对抗气候变化所做的努力带来了负面影响。对《中国日报》而言，尾气排放丑闻在此时中国市场正在引入新能源的时刻发生，无疑是"令人感到悲伤的"。近期北京正在积极推广以节能减排为主的电动车和混动车。）

例中下划线部分"Intanto in Cina ha molta eco lo scandalo delle emissioni truccate della Volkswagen"（德国大众掩盖的尾气丑闻事件在中国反响很大）一句中，词语"truccate"是意大利语形容词阴性

复数形式"化妆的"。从话语策略的角度来分析,语篇生成者运用了述谓策略。通过使用形容词"truccate"(化妆的)来形容尾气排放事件是德国大众公司有意掩盖的丑闻。通过将"化妆过的"这一形容词所表达的质性赋予德国大众公司的尾气事件,形象地揭露了该丑闻,引导语篇理解者去推测该事件的隐蔽性。

例 57

摘自《晚邮报》,2015 年 9 月 26 日

　　Un giorno su tre l'aria è così piena di particelle microscopiche, quelle che si infilano nei polmoni e provocano malattie respiratorie e tumori, che le autorità di Baoding sono costrette a emettere avvisi di emergenza. Oggi era una giornata di sole, doveva esserci il sole secondo il meteo, ma a Baoding c'era <u>un cielo giallo e nebbioso, gli alberi color marrone.</u> (26 settembre 2015 Corriere della Sera)

　　(参考译文:每隔三天就会有一天空气充满了微小颗粒物,这些微小颗粒物直接被吸入到肺里,引起肺部和呼吸道疾病,这才使得保定当地政府被迫实施了紧急预案。今天根据天气预报本来是晴天有太阳的,但是保定天空的颜色是黄色和雾色的,树木的颜色也是褐色的。)

　　例中下划线部分"ma a Baoding c'era un cielo giallo e nebbioso, gli alberi color marrone"(但是保定的天空颜色是黄色和雾色的,树木的颜色也是褐色的)这句采用的话语策略是述谓策略。语篇生成者运用表示颜色的形容词"giallo"(黄色的)、"nebbioso"(雾色的)、"marrone"(褐色的),将污染的含义赋予所指事物"cielo"(天空)和"alberi"(树木)。语篇生成者运用形容词特质的描写引导语篇理解者对雾霾实际景象的理解,加强推导对雾霾危害的认知,

引起语篇理解者的共鸣。

Chilton（2004）和 Chilton and Schaffner（1997）认为，从语篇生成者的角度来说，语篇的最大目的是为了实现影响他人的行为、情感和信念，并以此满足自己的利益（Hart，2010：63）。在话语实践中，语篇生成者都需要用话语策略达到"认知效果"并激活某种操控，例如引发语篇理解者的情感效应（Chilton，2004）。为了实现述谓策略中的情感效应，Wodak（2001b：74）通过识别移民语篇中常见的十个惯用语句（topoi），把社会实践中组群之间的权力和意识形态关系构建起来。这些惯用语句包括：负担（burden）、性格（character）、犯罪（crime）、文化（culture）、危险（danger）、劣势（disadvantage）、疾病（disease）、移位（displacement）、剥削（ex-plottation）、经济（finance）。这些特定的惯用语句具有共同特点，在语篇中都用于表征带有危险暗示的外部组群（Hart，2010：62 - 66），语篇生成者通过这些反复出现的惯用语句对语篇理解者造成认知和理解上的影响，引导语篇理解者的认知，实现述谓策略中的情感效应。

Hart（2010）应用上述惯用语句分析了移民语篇，在语篇中述谓间的强制性的互动对读者形成一些认知表征，将移民和一些政治避难者当作社会欺骗者看待。

语篇生成者通过这些述谓策略中的惯用语句激活人们认知理解，通过外部组群带有威胁性暗示的表征，引起语篇理解者的反感，以达到政治目的。

在环境新闻语篇的分析中，我们尝试以意大利语语料为例，归纳出四种常见的惯用语句，分别表示："最高级""谴责""被迫""危害"的含义。

第一类是表示"最高级"含义的惯用语句。"最高级"是依据语法中的"最高级"概念，以形容词、副词程度最高的形式，即最高级形式用于话语策略的语言表征，例如：

例 58

摘自《晚邮报》，2015 年 9 月 26 日

La città più inquinata della Cina dove 《crescono》 solo palme di plastica

Dal nostro inviato a Baoding（Cina）– L'autostrada che scorre verso sudovest da Pechino taglia una campagna triste，esausta non tanto per lo sfruttamento intensivo ma per l'inquinamento. Arriviamo a Baoding，provincia dello Hebei，150 chilometri dalla capitale. è la città con il cielo più sporco della Cina：media giornaliera di PM 2，5 oltre 90（gli standard internazionali dicono che sopra 20 bisogna preoccuparsi，la legge cinese alza il livello a 35）.（26 settembre 2015 Corriere della Sera）

［参考译文：中国污染最严重的城市长出"塑料树"。来自本报记者在中国保定发回的报道——从北京向西南方向的高速公路割裂出一片贫瘠又悲惨的乡村，这里不是因过度开发而枯竭，而是被污染所耗尽。我们来到了保定，位于河北省距离省会 150 公里的一座城市。这里是中国天空最污浊的城市：PM2.5 平均值是每立方米 90 微米（国际标准是 PM2.5 每立方米达到 20 就需要预警，而中国的法律将标准升至 35）〕。

例中两处下划线部分"La città più inquinata della Cina"（中国污染最严重的城市）、"è la città con il cielo più sporco della Cina"（中国天空最污浊的城市），分别运用了最高级的语法形式，描写保定这座城市的雾霾，体现的话语策略是述谓策略。语篇生成者通过使用"inquinata"（受污染的）、"sporco"（脏的）两个形容词最高级形式

"la più inquinata"（污染最重的）、"il più sporco"（最脏的），将这些词的质性赋予主语"这座城市"，以此引导语篇理解者加强对城市污染严重程度的认知。在研究意大利语环境新闻语篇时这一类表示"最高级"的惯用语句出现频率很高。

第二，表示"谴责"含义的惯用语句。这类语句指的是组群外成员经常被认为是失职、渎职、缺乏效力，不能对组群做出贡献。常见的动词名词化形式有"incompetenza"（无能）、"inefficacia"（无效力）、"inerzia"（迟钝）等，如例59—例60所示。

例59

摘自《晚邮报》，2015 年 11 月 9 日

Il giornale Global Times accusa di incompetenza gli amministratori locali, che non hanno saputo prevenire l'aumento dell'inquinamento e che non hanno tenuto informata la popolazione in modo tempestivo. (9 novembre 2015 corriere della sera)

（参考译文：美国《环球时报》指控中国当地行政部门的无能，指责当地政府没有意识到污染事态的升级，并且没有及时为民众提供信息。）

例60

摘自《晚邮报》，2015 年 12 月 7 日

Proprio quell'inerzia da parte delle autorità ha provocato una serie di polemiche. (7 dicembre 2015 Corriere della Sera)

（参考译文：正是由于北京当地权威部门的迟钝引发了一系列争议。）

依据 Hart（2010：66）总结的述谓策略在语篇中的几种语言表

征，有一类是通过动词和名词化（nominalization）形式，以字面或隐喻的特殊形式描述行为和事件，并将某些质（quality）和数（quanyities）的属性赋予人。例59中，语篇生成者运用动词"accusare"（指责、指控）的名词化形式"accusa"，描述语篇中国政府的行为和环境事件，表达了美国《环球时报》对中国当地政府处理环境事件的强烈不满。语篇生成者运用阴性名词"incompetenza"（无能）描述当地政府的失职行为，指组群外的成员没有能力解决问题。这些都属于运用动词的名词化形式，将某些质性赋予事件主体，以引导语篇理解者达到某种认知共识的话语策略。

在意大利语环境新闻语篇中，这一类表示"谴责"的惯用语句非常多见，例60中语篇生成者运用意大利语阴性名词"inerzia"（迟钝）描述北京当地权威部门的行为迟缓，没有及时有效地采取预警措施。语篇生成者运用谴责含义的词表达了不满，又形象地描述了政府部门工作拖沓，不能有效应对环境污染问题。

第三，表示"被迫"含义的惯用语句。该惯用语句中的"被迫"是指"不得以而为之"的行为。在环境新闻语篇分析中我们发现不少官方或机构借助"被迫"含义的语句推辞责任的做法，如例61—例62所示。

例61

摘自《晚邮报》，2015年9月26日

Un giorno su tre l'aria è così piena di particelle microscopiche, quelle che si infilano nei polmoni e provocano malattie respiratorie e tumori，che le autorità di Baoding sono costrette a emettere avvisi di emergenza.（26 settembre 2015 Corriere della Sera）

（参考译文：每隔三天就会有一天空气充满了微小颗粒物，这些

微小颗粒物直接被吸入到肺里，引起肺部和呼吸道疾病，这才使得保定当地政府被迫实施了紧急预案。)

例 62

摘自《晚邮报》，2013 年 1 月 12 日

Negli ultimi due giorni una cappa di smog ha avvolto la Cina nord - orientale, creando difficoltà nei trasporti aerei e il governo è costretto a chiudere 20 tra strade e autostrade. (12 gennaio 2013, Corriere della Sera)

（参考译文：最近两天中国东北部被雾霾所笼罩，由此给航空交通带来了困难，政府被迫关闭 20 条公路和高速路。）

依据 Hart（2010：66）总结的述谓策略在语篇中的几种语言表征，即通过形容词、介词短语和关系从句的形式将某些质性赋予人。例 61 中下划线部分 "che le autorità di Baoding sono costrette a emettere avvisi di emergenza"（保定当地政府被迫实施了紧急预案）是由关系代词 "che" 引导的关系从句，该关系从句中的短语 "sono costrette a …" 意思是 "主语被迫、不得已做某事"。同样，例 62 中下划线部分 "il governo è costretto a chiudere le autostrade"（政府被迫关闭高速公路）也是由短语 "sono costrette a …" 引导的一类表示 "被迫、不得已做某事" 的惯用语句。语篇生成者借助这一表达阐述了 "雾霾迫使中国政府不得已关闭了高速公路" 这一新闻事实，引导语篇理解者了解政府的决策，即关闭高速路是由于恶劣天气导致，属于被动、被迫的行为。这类表示 "被迫" 含义的惯用语句常见于意大利环境新闻语篇。

第四，表示 "危害" 含义的惯用语句。危害是指组群外成员经常会给组群内成员带来危害。这一类惯用语句的述谓策略有显性和

隐性的表达，显性表达常通过明确（explicit）的词组表达，如形容词 nocivo（有害的）、rischioso（有风险的），动词名词化形式 rischio（风险）、minaccia（威胁）、polemica（争议）、controversia（争议）等。隐性的表达常常借助一些介词短语呈现，如例63—例65所示。

例63

摘自《晚邮报》，2015 年 12 月 7 日

In realtà lunedì sera il livello di Pm 2，5 era a 242，《altamente nocivo》 ma ancora niente rispetto al livello 1.000 raggiunto la settimana scorsa a Pechino，quando l'allarme era stato portato solo ad 《arancione》. Proprio quell'inerzia da parte delle autorità ha provocato una serie di polemiche，rimbalzo di responsabilità e minaccia di provvedimenti punitivi da parte del governo centrale. Ecco perché，in previsione di giornate di smog fitto，ora è scattato il 《rosso》. Secondo l'Organizzazione mondiale per la sanità，la concentrazione di Pm 2，5 nell'aria è accettabile fino a un dato di 25，poi diventa un rischio. A Pechino la media annuale è di 56，quindi oltre il doppio di quella consigliata，con picchi intorno a 400 piuttosto frequenti e di durata lunga.（7 dicembre 2015 Corriere della Sera）

（参考译文：事实是周一晚的 PM2.5 指数就已经达到 242，"危害度非常高"，但比起上星期北京雾霾 PM2.5 到达 1000 的水平算不了什么，可是当时预警级别仅仅是"橙色"。正是由于北京当地权威部门的迟钝，才引发了一系列争议。迫于中央政府惩罚措施的威胁和责任意识的回归，才使得北京今天重度雾霾预警呈现"红色"。根据世界卫生组织的标准，PM2.5 的浓度在 25 以内是可以被接受的，超过 25 就会构成危险。在北京年平均雾霾数值是 56，已经超过了世界卫生组织建议标准的两倍以上，北京的雾霾经常在 400 左右徘徊，

且持续时间很长。）

例中下划线部分语篇生成者运用形容词短语 "altamente nocivo" （危害很大的）、动词短语 "provocare polemiche" （引发争议）、名词 "minaccia" （威胁）和 "rischio" （风险）描述了北京雾霾的现状和危害，以此引导语篇理解者对组群外 "雾霾" 潜在威胁的认知。语篇生成者通过介词短语 "oltre il doppio di quella consigliata" （超过建议标准的两倍）和 "di durata lunga" （长时间持续）描述北京的雾霾等级与国际标准不一致的行为。语篇生成者还运用介词结构短语 "oltre" （超过）和 "di durata lunga（长时间持续）" 加强语篇理解者对组群外成员 "雾霾" 危害的认知推导，引起语篇理解者的反感，实现了情感效应。

在意语语料分析中，研究发现很多语篇运用介词短语结构强化对组群外成员构成危害的理解，如例64—例65所示。

例64

摘自《晚邮报》，2014年4月1日

Secondo i dati del Ministero dell'Ambiente cinese, Zhengzhou <u>fa parte delle terribili</u> quattro città più inquinate di Cina, insieme con Handan, Baoding e Shijiazhuang. （1 aprile 2014 Corriere della Sera）

（参考译文：根据中国环境部的数据，郑州与其他三个城市 "邯郸、保定和石家庄" 一起成了中国四个最可怕的污染城市。）

例65

摘自《晚邮报》，2013年2月2日

Cina, inquinamento <u>fuori controllo</u>, è in emergenza. Sesto giorno di inquinamento <u>fuori ogni controllo</u> a Pechino. I livelli di polveri sottili sono stati definiti allarmanti. Lo smog è sempre più intenso，con livelli di Pm 2，5 elevatissimi.（2 febbraio 2013，Corriere della Sera）

（参考译文：中国污染失控，情况危急。北京污染已连续第六天处于失控状态，粉尘颗粒物达到了警戒水平。雾霾愈发的严重，PM2.5 指数极高。）

例 64 中下划线部分"fa parte delle terribili quattro città più inquinate di Cina"（属于中国污染最严重的城市之一），语篇生成者运用介词短语"fa parte di…"（属于），区分了组群外成员，即郑州这座城市所构成的"危害"含义，引导语篇理解者加强对新闻事件主体"保定城市污染"严重程度的推导。

同样，例 65 中语篇生成者通过使用介词短语"fuori controllo"（处于失控状态）、"in emergenza"（处于紧急情况）描述空气雾霾的严重程度。上述词语的使用表明情况十分危急，但政府不能有效把握和控制，由此出现了难以应对的紧急情况，引起语篇理解者的不满情绪，从而达到加强公众对事件主体危害性的推导和强认知效果。

表示危险含义的惯用语句还可以通过隐喻的表达途径来实现。例如第三章环境新闻语篇分析 EDA 的隐喻认知机制中，有关实体性隐喻中水的隐喻和战争隐喻等手段在语篇中呈现出的意识形态意义。这些隐喻的表达形式可以用述谓策略来解释，例如：

例 66

摘自《晚邮报》，2015 年 5 月 20 日

la città scoppia：Ma Fiumicino brucia，Malpensa si allaga，i treni si fermano a Firenze. Expo è un'altra chance perduta. Uno si sforza di ricostruire un po'di fiducia，ma poi un paese che in piena invasione turistica lascia bruciare Fiumicino e allagare Malpensa，è un paese senza speran-

za. Ma noi siamo italiani，un po'arrabbiati un po'rassegnati. Gli <u>flussi</u>
turistici <u>infiammano</u> la Penisola. Expo è sia una sfida che un'altra chance
per l'Italia.（SOS Trasporti，20 maggio 2015 – Numero 22，Corriere
della Sera）

（参考译文：城市爆炸了，小河机场在燃烧，马尔彭萨机场被淹
没，火车停滞在佛罗伦萨。世博会是一场失败的机遇。一方面国家
努力在世界面前构建信任感，一方面米兰和罗马又被大批游客所淹
没和侵袭，这个国家已经没有希望。面对这样的情况我们意大利人
感到又气愤又惭愧。大批游客因为世博会涌入亚平宁半岛，这对意
大利来说毕竟是机遇也是挑战。）

例中下划线部分通过实体性隐喻描述了米兰这座城市因世博会
而变得人满为患的景象。语篇中实体性隐喻的使用具体包括战争隐
喻，如动词"scoppia"（爆发）、"bruciare"（燃烧）；名词"perdu-
ta"（失败）、"invasione"（侵略）；实体隐喻中的水的隐喻，如自反
动词"si allaga"（淹没）、"si fermano"（停滞）、名词"flussi"（涌
入）；以及火的隐喻"si infiammano"（点燃）。

在话语实践中语篇生成者运用述谓策略构成了一个表示危险
（danger）含义的惯用语句。例中下划线部分"Gli flussi turistici si in-
fiammano la Penisola"（涌入的大批游客点燃了亚平宁半岛），体现了
隐喻和转喻地用法。其中"Penisola"（亚平宁半岛）转喻的指代意
大利这个国家，"si infiammano"（点燃）隐喻地表达了世博会游客
的到来点燃了整个意大利。从话语策略的角度来说，"Penisola"的
转喻用法可以用指称策略中的解空间化来解释。而"si infiammano"
（点燃）、"flussi"（涌入）、"invasione"（占领）、"si fermano"（停
滞）是语篇生成者采用的述谓策略，用于描述组群外成员，即世博
会游客们涌入亚平宁半岛，对意大利米兰、罗马机场和佛罗伦萨火

车等交通枢纽构成了一定危害，以此引导语篇理解者对环境旅游问题产生忧虑情绪，加强对世博会旅游负面效应的认知推理。

综上所述，述谓策略是用于解释环境新闻语篇的一个重要话语策略，通过汉意语料的案例分析，本文阐释了述谓策略的含义和实现方式，尝试性地归纳出意大利语环境新闻语篇中的几种惯用语句。我们注意到，在话语实践中，语篇生成者运用不同的语言表征将某种质和数的属性赋予事件、事件主体和某种行为，以此引导语篇理解者对组群外带有威胁暗示成员的认知。依据 Hart（2010：66）总结的述谓策略的几种语言表征，语篇生成者通过不同语言结构的使用，如名词、动词名词化形式、介词短语、关系从句以及一些隐喻的表达等，加强语篇理解者对事件或事件主体的认知理解，从而引发语篇理解者一定的情感效应，以达到语篇背后隐性话语与意识形态的再现。

4.3　接近策略

Cap（2006）指出接近策略是发展认知语用模型过程中的一种微观策略。Cap（2006）认为接近策略是一个认知概念，具有社会心理可及性，其视角具有一般心理过程，特别是依赖于语篇中的某些时空指示（spatiotemporal deictic）。在话语实践中，Cap（2006）解释了参与者所在的地点以及话语事件发生的时间是话语的指示中心（deictic centre）。在话语指示中心内部涉及内部指示中心元素（Inside Deictic Centre Elements，简称 IDCs），这些元素包括话语参加者本身以及他们持有的价值观。语篇中的其他实体可以被概念化为外部指示中心元素（Outside Deictic Centre Elements，简称ODCs）。接近策略涉及一个陌生且通常表示敌对的实体进入到目标实体的物理或心理指示中心时发生的时空概念转移。从这个意义来说，接近策略预设着指称策略和述谓策略，是这两种话语策略的先决条件。而建构一个陌生且表示敌对的实体也分别是指称策略和述谓策略的实现过程（Cap，2006：8，转引自Hart，2010：84）。

Chilton认为接近策略本质上具有空间性，因为政治语篇大多包含保护领土或涉及他国领土等空间表征的含义，然而接近策略既涉及空间维度又涉及时间维度（Cap，2006：4，转引自Hart，2010：84）。接近策略通过语言结构来表征，Cap（2006）总结了用于表达接近策略的六种语言形式，其中以下三种形式最具代表性。一是名词短语（NPs）可以被概念化为内部指示中心元素IDCs或外部指示中心元素ODCs；二是通过动词短语实现外部指示中心元素（ODCs）向指示中心靠近的表征；三是通过副词短语和时体指示语概念化地表达话语事件正在发生、已经发生或即将发生的时间概念（Cap，2006；转引自Hart，2010：85）。接近策略的原理是告知语篇理解者某一邻近的具有威胁倾向的现象即将发生，并需要听读者做出及时的反应（陈鹤三，2011）。在环境新闻语篇分析中，我们发现大量语料中都可以反映接近策略的使用，例如：

例67

《中国环境报》，2015年3月6日

"代表委员抵京，抬头先看天。"一个简单的动作，成为许多人迈入今年全国两会无声的"开场白"。3月2日，在全国政协十二届三次会议召开首场新闻发布会的同一天，环境保护部的官方网站上发布了京津冀、长三角和珠三角区域环境空气质量形势预报。根据

预报提示：5—7 日，京津冀区域扩散条件转差，中南部将会以中至重度污染为主，首要污染物为 PM2.5。3 月 3 日，全国政协十二届三次会议在北京正式拉开序幕，北京市环保监测中心发出预报：3 月 5 日元宵节当天，北京市将出现中度—重度污染，并预计 3 月 6 日的扩散条件仍旧较差，会持续重度污染，直到 3 月 8 日空气质量才会改善。

例中下划线部分描述了 2015 年 3 月北京两会期间的天气预测。既有时间上的临近，如："5—7 日""3 月 5 日元宵节当天""预计 3 月 6 日""直到 3 月 8 日"。又有空间上的接近，如："京津冀区域""中南部""北京市"。本例中指示中心由名词短语"京津冀区域""中南部""北京市"表征。外部指示中心元素由动词短语"将出现中度—重度污染""会持续重度污染"表达具有威胁性的事情正在向指示中心靠近。此外，副词短语"仍旧较差""才会改善"，分别概念化地表达了雾霾事件"已经发生"和"即将发生"的时间概念。语篇生成者通过时间和空间上的接近策略引导语篇理解者认识雾霾来袭的范围、严重程度和紧迫程度。

同样，我们再分析一些意大利语的语料，如例 68—例 70 所示。

例 68

摘自《晚邮报》，2015 年 12 月 7 日

Lo smog è sempre più intense，significa che da martedì mattina alle 7 fino alle 12 di giovedì i livelli di Pm 2，5 saranno elevatissimi a Pechino. E' la prima volta che Pechino scatta l'allarme rosso per l'inquinamento.（7 dicembre 2015 Corriere della Sera）

（参考译文：雾霾越来越重了，这意味着从周二早晨七点到周四中午十二点 PM2.5 在北京将会达到极高的数值。这是北京第一次拉响空气污染红色警报。）

例 69

摘自《晚邮报》, 2013 年 2 月 28 日

Infatti <u>nella capitale cinese</u> i livelli di inquinamento atmosferico non dovrebberomigliorarsi <u>prima del fine settimana</u>, invitando i bambini e gli anziani a rimanere a casa il più possibile. (28febbraio 2013, Corriere della Sera)

（参考译文：中国首都的气候污染本周末之前不会得到缓解，建议老人和孩子尽可能室内活动。）

例 70

摘自《晚邮报》, 2015 年 11 月 5 日

<u>Domenica 8 novembre</u> secondo i dati delle autorità locali <u>saranno registrati più di</u> 1. 000 microgrammi al metro cubo (μg/m3) di polveri sottili Pm 2, 5 a <u>Shenyang</u>, L' agenzia di stampa ufficiale cinese Xinhua riporta che <u>in alcune zone</u> <u>la concentrazione sarà arrivata addirittura</u> a 1. 500 μg/m3. (5 novembre 2015, Corriere della Sera)

（参考译文：当地权威部门发布数据预测显示，11 月 8 日星期天沈阳的 PM2. 5 将会超过每立方米 1000 微米的状态，中国官方报社新华社报道称，在中国部分地区 PM2. 5 峰值将会达到每立方米 14500 微米。）

例 68 描述了北京第一次宣布空气污染进入红色预警的新闻，雾霾来袭既有时间上的接近，如："da martedì mattina alle 7 fino alle 12 di giovedì"（从周二早晨七点到周四中午十二点）；又有空间上的接近，如：动词短语"saranno elevatissimi a Pechino"（北京将会达到极

高）。语篇生成者以时间和空间的临近告知组群内成员威胁的来临。例 69 中语篇生成者通过时体指示语 "prima del fine settimana"（周末前）和 "nella capitale cinese"（在中国首都）分别表示时间和空间的临近，以此告知组群内成员空气污染的来临，对老人和孩子的健康具有威胁性。例 70 中语篇生成者通过动词短语 "saranno registrati più di…"（记录将会超过…）、"la concentrazione sarà arrivata addirittura…"（浓度将会达到…）来描述雾霾即将达到的峰值。语篇生成者运用了时间指示语 "domenica 8 novembre"（11 月 8 日星期天）表示时间上的临近；运用了两个介词短语 "a Shenyang"（在沈阳）、"in alcune zone"（在部分地区）表示空间的接近，以告知民众重空气污染的临近。

　　通过语料分析，本文认为接近策略所包含的时间上和空间上的接近本身并不会构成话语策略，只有当时间或空间上的接近造成了外部指示中心元素 ODCs 对内部指示中心元素 IDCs 的威胁时，才构成话语策略。例如，之前分析述谓策略中表示危险（danger）含义的惯用语句时，接近策略可以加强这种危险的情感强制（emotive coercion），当危险的来临在时间和空间的维度上更加凸显时，接近策略便强化了述谓策略对引导语篇理解者产生共鸣的情感效应。

4.4　合理策略

　　合理策略是另一种强制（coercion）中的微观策略（Hart, 2010）。强制是一种重要的话语策略，强制分为认知强制和情感强制两种类型（Chilton, 2004）。当语篇理解者建立起由语篇生成者操控的认知联系时，便形成了认知强制；当语篇理解者依据已形成的认知联系激发起社会责任感，并会引发决定和行动时，便发生了情感强制。Hart 和 Lukeš（2007）认为合理策略是语篇生成者在话语实践中用于表达命题的真实性，并提供理据（testimony）或证据论证（argumentation）的一种话语策略。语篇生成者可以通过话语让语篇理解者对人、物等形成某种具体的态度（sperber，2001），语篇生成者由此在某种意义上控制了语篇理解者的认知过程和反应。为了达到这样的效果，语篇生成者必须努力让语篇理解者接受其话语为真实信息，使得语篇理解者接纳语篇生成者有意形成的态度和行为（Hart，2010：90）。合理策略的提出与逻辑—修辞模块有关联。Sperber（2001）提出逻辑—修辞模块时，认为该模块作为一种手段来获得交际利益并减少付出，来抵制欺骗的风险；从这个角度来说，合理策略是一种评价、说服机制。逻辑—修辞模块既可以避免（evade）话语策略，又可以操控（enable）话语策略（Hart，2010）。

在环境新闻语篇分析中，合理策略以一种论证形式而存在。语篇生成者通过合理策略的使用在语篇中可以勾勒出话语的背景知识以及说话人的身份等信息。合理策略通常以一种明确（eplicit）的形式来加强（endorse）语篇的表达（Hart，2010），即通过具体的语言表达形式激发包括言语证据和信息发布渠道等信息。合理策略在语篇中主要通过两种方法实现，即语篇的内部连贯（Internal）和外部连贯（External）。Hart（2010：91）认为合理策略的外部连贯主要通过传信性（evidentiality）和认识模态（epistemic modality）来实现，而内部连贯主要依靠衔接手段表达，与语言的语篇元功能有关，以下逐一进行探讨。

4.4.1 内部连贯

语篇内部连贯主要依据 Halliday & Hasan（1976）和 Fairclough

（1989）等人的研究，从语法层面对一些逻辑连接词进行分析。为了加强语篇连贯的效果，常见的逻辑连接词有表示"时间关系""因果关系""并列或递进关系""转折关系"和一些附加词等。在环境新闻语篇中，常常需要借助这样的内部连贯手段，加强语篇的连贯性和说服性，例如：

例71

《中国环境报》，2013 年 10 月 22 日

一方面是为了振兴日本国内经济。日本政府希望以东京奥运会为契机，促进东日本大地震灾区经济复兴，还能吸引更多外国游客前来旅游，拉动日本经济发展。东京申奥委员会发表的估算结果显示，东京奥运会可带来近 3 万亿日元的经济效果。另一方面是出于政治因素考虑。安倍在申奥过程中夸下海口，除了为东京争取举办权之外，也是为了提升个人在日本国内的支持率。日本共同社在申奥成功几天后进行的全国电话舆论调查结果显示，安倍内阁的支持率较上次调查时上升了 4.1 个百分点，不支持率下降了 5.2 个百分点。这一变化与东京申奥成功有着密不可分的关系。动机虽然合理，但不代表谎言具有了正当性。尽管东京申奥成功，但海外舆论对日本福岛环境事件信息公开是保障人民的知情权、参与权、表达权和监督权的重要举措。对于政府来说，环境信息公开不但要及时、主动，还要求真实、准确。被动、延迟、模糊的信息公开，只能给公众带来更大的不稳定感和不安全感，长此以往政府必将失信于民。

例中下划线部分"一方面……另一方面""也是""虽然……但""尽管……但""不但……还"分别是汉语中表示连贯关系的逻辑连接词。语篇生成者通过逻辑连接词使得新闻语篇更加连贯、更具有说服力。下划线部分"支持率""不支持率"属于隐性的连贯关系，

在语篇中依然起到了加强语篇连贯的作用。

同样，在环境新闻语篇的意大利语语料中，也有大量表示连贯关系的逻辑连接词，如例72—例73所示。

例72

摘自《晚邮报》，2015年9月26日

Dal nostro inviato a Baoding（Cina）– L'autostrada che scorre verso sudovest da Pechino taglia una campagna triste，esausta non tanto per lo sfruttamento intensivo ma per l'inquinamento. Arriviamo a Baoding，provincia dello Hebei，150 chilometri dalla capitale. è la città con il cielo più sporco della Cina：media giornaliera di PM 2，5 oltre 90）.（26 settembre 2015 Corriere della Sera）

（参考译文：本报记者在中国保定发来的报道：从北京向西南方向的高速公路割裂出一片贫瘠又悲惨的乡村，这里不是因过度开发而枯竭的，而是被污染所耗尽。我们到达了保定这座城市，位于距离首都150公里的河北省。保定是中国空气污染最严重的城市：PM2.5日平均值超过90。）

例中下划线部分语篇生成者使用表示连贯的连接词"non…per…""ma…per…"，其中"non"是意大利语否定副词，"non…per…"的意思是"不是由于…"，"ma"是表示转折的连词"但是"，"ma…per…"的意思是"而是由于…"。语篇生成者通过使用这些表示转折关系的附加词，一方面可以使语篇更加连贯，另一方面也将语篇生成者想要呈现的意识以一种明确的形式表达出来，引导语篇理解者渐进性地、更好地理解保定的雾霾程度，以达到语篇目的。

例 73

摘自《晚邮报》，2015 年 11 月 30 日

Il servizio meteorologico ha detto che lo smog rischia di essere peggiore di quello del precedente allarme rosso，con la concentrazione di Pm 2，5 che salirà a 500 microgrammi per metro cubo d'aria（μg/m3）. L'Organizzazione mondiale della Sanità considera《preoccupante》superare i 20 μg/m3，<u>mentre</u> la legge cinese ammette sino a 35 μg/m3. （30，novembre，2015，Corriere della Sera）

（参考译文：气象局报道说雾霾的严重程度将会有超越之前红色预警的危险，红色预警等级即 PM2.5 每立方米微小颗粒物超过 500。世界卫生组织规定 PM2.5 每立方米超过 20 就应启动预警，而中国法律只对每立方米超过 35 的 PM2.5 进行预警。）

例中下划线部分"mentre"是表示转折的连词"然而"。语篇生成者通过"mentre"这一逻辑连接词，实现了语义的转折，凸显了中国政府对 PM2.5 超标的漠视态度，以及不符合国际权威机构"世界卫生组织"所规定的雾霾预警标准。在话语实践中，语篇生成者借助权威机构的数据标准反衬中国政府制定的雾霾预警标准过低这一新闻观点。语篇生成者通过内部连贯手段将潜在的意识形态进行表征，使语篇理解者接受其意识推测和期待，并认为事件本身确实和理所应当如语篇生成者所描述的那般，理所应当去接受和认同。

4.4.2　外部连贯

语篇中的外部连贯是通过认识情态和传信性实现的（Hart，2010：94）。认识情态（epistemic modality）和传信性（evidentiality）都在语篇外部操作，都属于语篇外部连贯手段，具有人际元功能

（interpersonal metafunction）的属性。但是两者又有着明显的区别。认识情态更多关注的是语篇生成者所持的立场、态度和观点。而传信性关注的是语篇生成者在语篇中所断言的出处和信息来源。认识情态比传信性更具有主观性，是语篇生成者对话语事件命题真值的确信程度和判断。而传信性相比较认识情态而言更为客观，强调信息的来源以及推理论证的过程。

4.4.2.1　认识情态

沈家煊（2000）认为认识情态为构建分析语言中情态动词和有关结构提供理论框架；认知情态关心的是这样一些陈述句的逻辑结构，它们断定或蕴含相关命题是已知的或信念中的（冯军伟，2012）。Hart（2010）认为认识情态是一个程度的问题，命题真值的判断处于一个认识维度（epistemic scale），可以根据一个体现三种程度的认识维度来理解，即："certainly"（肯定、确定）、"probably"（几乎肯定，很可能）和"possibily"（可能），如图27所示。

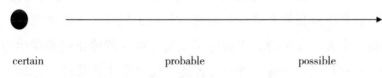

certain   probable   possible

图27　Epistemic scale（认识维度）（Hart，2010）

Hart（2010）认为认识情态关心的是语篇生成者在表达观点时，如何在认识维度上靠近指示中心。我们可以清晰地从图27中的三个点看出语篇生成者对命题真值主观评估的层级，分别用"certainly"（肯定、确定）、"probably"（几乎肯定，很可能）和"possibily"（可能）三个情态术语表达不同的认识维度。但这不意味着语篇生成者只能依据这三种程度来进行命题，例如英语中会有"very proba-ble""almost certain""not impossible""impossibility"等细分的中间层级来表达其余的认识维度。意大利语中会有"molto possibile""quasi sicuro""non è possibile"等细分的等级来表达认识维度。在语篇中，认识情态可以通过情态动词、情态话语标记等手段实现。在环境新闻语篇分析中，我们试图梳理出这两类认识情态的实现途径。

第一，情态动词。情态动词是语篇实现外部连贯的重要手段，在环境新闻语篇分析中，运用情态动词表达认识情态的现象非常多见，例如：

例74

陕西教育厅发布重污染天预防通知
《重污染天学生停止户外活动》
《中国环境报》，2015 年 11 月 5 日

本报讯 为进一步做好重污染天气防范，确保学生身体健康，陕西省教育厅近日发布进一步做好重污染天气防范工作的通知，规定在重污染天气发生时，学校应根据情况减少或停止组织学生户外活动。通知明确，目前全省各级各类学校《学生体质健康标准》测试正在进行，各市、县（区）教育局和各高等学校应根据当地有关部门发布的污染天气情况，对照各地《重污染天气应急预案》响应措施，适时调整测试项目，可以在室内完成的项目，应在室内进行；不能在室内完成的项目，应调整测试时间，在保证学生身体健康前提下，完成《学生体质健康标准》测试工作。各地教育部门要统筹协调重污染日举办的学生体育竞赛、《学生体质健康标准》测试和各项活动延期调整等工作。

例中下划线部分"应根据""适时""可以""应在""应调整""要统筹协调""要根据"是表示情态的动词短语。根据 Hart

（2010）提出的命题真值判断所处的认识维度，语篇生成者对命题真值判断的主观评估是通过认识情态的等级实现的。例中"应""要"是一种强认识情态，即学校和相关单位"必须"执行。而"可以"代表弱认识情态，即"建议"相关单位执行。

英语中常见的认识情态动词包括："could""may""might""should"和"must"等。意大利语中常见的表示认识情态的情态动词包括："potere"（能够）、"dovere"（必须、应该），以及一些表示"可能性"的动词和副词，如：动词"parere"（好像）、动词"sembrare"（好像、似乎）、副词"forse"（也许）、副词"quasi"（几乎）、形容词"possibile""probabile（可能的）"等。在意大利语环境新闻语篇分析中，我们发现语篇生成者在使用情态动词的同时，常常结合一些短语或时态表达认识情态，即很多认识情态是通过动词的时态建构的，例如：

例 75

摘自《晚邮报》，2015 年 12 月 7 日

Allarme rosso a Pechino per l'inquinamento. è la prima volta che le autorità della capitale portano al livello più alto della scala l'allerta per il pericolo smog. Significa che da martedì mattina alle 7 fino alle 12 di giovedì tutti i cantieri all'aperto dovranno sospendere i lavori, le fabbriche più inquinanti fermarsi, le scuole dovrebbero chiudere e le automobili potranno circolare solo a targhe alterne. Poi, secondo le previsioni, dovrebbe arrivare il vento e la nube sporca allontanarsi dalla città. (7 dicembre 2015 Corriere della Sera)

（参考译文：北京污染红色预警。这是首都权威机构首次拉响了雾霾危害等级中的最高预警级别。这意味着从周二早晨 7：00 到周四上午 12：00 所有的室外工地将暂停作业，污染性工厂停工，学校应该关闭，汽车只能按单双号行驶。此外，根据天气预测大风将至，雾霾将会被吹走，远离城市。）

　　意大利语有两个常用的情态动词"dovere"（应该）和"potere"（能够）。例中下划线词语"dovranno""dovrebbero""potranno""dovrebbe"是情态动词"dovere"（应该）和"potere"（能够）在不同时态、不同人称的动词变位。其中"dovranno"是动词"dovere"的简单将来时第三人称复数，意思是"它们（室外工地）应该暂停作业"，指动作还未发生，将要发生。"dovrebbero"是动词"dovere"的条件式现在时第三人称复数，表示"它们（学校）应该需要关闭"。"potranno"是动词"potere"的简单将来时第三人称复数，意思是"它们（机动车）将只能按单双号出行"，指动作将要发生，属于强认识情态。"dovrebbe"是动词"dovere"的条件式现在时第三人称单数，表示"大风应该会来"。

　　我们发现当情态动词"dovere"（应该）、"potere"（能够）的本意与具体时态结合使用时，产生了认识情态上的语义变化。条件式这一语式表示"委婉、可能性"，当"dovere"（应该）用条件式 dovrebbero 表达时，语义发生了变化，表示"可能应该"的含义。依据 Hart 的认识情态分析维度，认识情态从强认识情态减弱为中度。同理，当"potere"用条件式表达时，表达的含义是"应该能够"，认识情态等级比情态动词"potere"本身有所减弱。当情态动词"dovere""potere"用简单将来时表达时，变位后的动词"dovrà"（单数第三人称将来时变位）、"dovranno"（复数第三人称将来时变位）意思也发生了改变，分别表示"将应该"和"将能够"，在认识情态维度上依然属于强认识情态。意大利语作为最接近拉丁语的

语言，具有形态上的曲折变化，包括复杂的词形变化。因此，具体到认识情态的理解中，需要将时态和情态综合进行考虑，以推断出情态动词在语篇中的准确含义。

第二，情态话语标记。在意大利语环境新闻语篇中我们归纳了一些常见的情态话语标记（Epistemic Modal Markers），如表示情态的动词、形容词、副词，以及情态动词的复合时态表达认识情态的用法，如例76—例79所示。

例76

摘自《晚邮报》，2015 年 9 月 26 日

Oggi era una giornata di sole, doveva esserci il sole secondo il meteo, ma a Baoding c'era un cielo giallo e nebbioso, gli alberi color marrone. (26 settembre 2015 Corriere della Sera)

（参考译文：根据天气预报今天本应该有太阳，但是保定天空的颜色呈现出黄色和雾色，树木的颜色也是褐色的。）

例77

摘自《晚邮报》，2013 年 1 月 12 日

TUTTI CHIUSI IN CASA – Infatti nella capitale cinese le ordinanze non si sono fatte attendere e gli amministratori locali hanno avvertito che i livelli non dovrebbero abbassarsi prima di martedì, invitando i cittadini a rimanere a casa il più possibile. (12 gennaio 2013, Corriere della Sera)

（参考译文：所有人待在家里。事实是，首都当地行政部门对天气的预测是：雾霾周二之前应该不会缓解，政府建议市民尽可能待在家中。）

例 78

摘自《晚邮报》，2015 年 12 月 7 日

Il Servizio meteorologico in Cina，più che a prevedere sole o pioggia，ormai si dedica ad annunciare ai cittadini l' arrivo di ondate di smog. 《Lo smog fitto <u>dovrebbe essere dissipato</u> da un fronte freddo giovedì》，dice il meteo.（7 dicembre 2015 Corriere della Sera）

（参考译文：中国气象部门如今除了预测播报阴晴雨雪以外，还致力于向市民播报雾霾来袭。"本周四强冷空气的到来将会驱散重霾，"气象报道说。）

例 79

摘自《晚邮报》，2015 年 2 月 12 日

Pechino ha recentemente ammesso che in 66 metropoli su 74 <u>bisogna</u> circolare con la mascherina protettiva <u>sempre</u> pronta.

（参考译文："74 座大城市里有 66 座城市的居民出行时需要一直佩戴防护性口罩"这一说法最近得到了北京的确认。）

情态策略中的隐性表达可以对语篇理解者的理解形成一定认知表征。我们在分析语料时，以"dovere"（应该）为例进行阐释，上述语料分析如表 5 所示。

表 5　意大利语环境新闻语篇的认识情态——以"dovere"（应该）为例

语料	认识情态标记	时态、语式	认识情态	语篇目的	来源
doveva esserci（本应该是）	dovere	一般过去时	强	谴责、不满	例 76
dovrebbero（应该会）	dovere	条件式现在时	中度	预测、呼吁	例 77

语料	认识情态标记	时态、语式	认识情态	语篇目的	来源
dovrebbe essere dissipato（应该会被驱散）	dovere	条件式现在时被动式	中度	推断、预测	例78
bisogna（需要）；sempre（永远）	bisognare；副词 sempre	一般现在时	强		例79

根据上表的统计，例 76 下划线部分"oggi"是时间副词"今天"，与之匹配的谓语动词应用现在时"è"表示"是"的含义，然而语篇生成者使用了"era"（系动词"是"的一般过去时），表达"本来是"。语篇生成者通过运用"dovere"（应该）的一般过去时形式"doveva"，构成"doveva esserci"（本应该是）的含义，引导语篇理解者对事件现状的不满，使语篇理解者根据语言事实对雾霾导致的危害和结果产生心理认知和厌恶情绪。例 77 下划线部分"dovrebbero"是动词"dovere"（应该）的条件式现在时第三人称复数，表示"他们应该会"，表达了北京权威机构对气候变化的可能性的预测。语篇生成者运用条件式起到了政府委婉表达"建议"和"呼吁"的作用。例 78 下划线部分"dovrebbe essere dissipato"（应该会被驱散）运用了情态动词"dovere"的条件式接被动式，表示"可能应该"的意思，是一种推断。例 79 下划线部分"bisogna"是情态动词"需要"的意思，常用于无人称表达句，没有主语出现，语义上表示一种"客观需要"。"sempre"是程度副词，意思是"一直、永远"。语篇生成者通过运用情态动词"bisogna"和程度副词"sempre"，使语篇理解者感到雾霾的污染程度是客观存在的，而不是主观构建的，所达到的语篇目的是呼吁居民需要一直佩戴口罩出行。

　　此外，在意大利语环境新闻语篇中，还有一类借助情态动词引导主语从句，以表达认识情态的策略，例如：

例 80

摘自《晚邮报》，2015 年 5 月 20 日

　　Il problema è：chi spiega agli stranieri <u>com' è possibile</u> che un Paese che organizza l' Expo，non <u>riesca</u> a organizzare trasporti decenti？（20 maggio 2015 – Numero 22，Corriere della Sera）

　　（参考译文：问题是：谁能向外国人解释一个国家有能力举办世博会，却没有能力管理好目前的交通状况？）

　　例中下划线部分"com' è possibile che""riesca"两个词通过语篇外部连贯手段实现合理策略。其中"com' è possibile che"的意思是"这怎么可能"，"come"是疑问副词"如何"；"possibile"是形容词"可能的"；"che"是关系代词，引出关系从句。"riesca"是动词"riuscire"（能够）的虚拟式现在时，该词用在由"possibile"引导的主语从句中表示一种判断，起到加强语气的作用。语篇生成者通过使用情态动词引导的主语从句，对意大利举办世博会的交通压力和安全压力表示担忧，谴责意大利政府没有能力处理好因世博会召开而出现的交通问题，含蓄地揭示出环境语篇背后的隐性话语和意识形态意义。

　　在意大利语情态系统中，常见的情态话语标记还包括一些程度副词和副词短语的使用，在语篇的生成和理解中起到了认识情态的作用，如例 81—例 82 所示。

例 81

摘自《晚邮报》，2011 年 3 月 13 日

La mossa di Pechino punta a sottolineare almeno nella forma，il desi-derio di mostrarsi attiva e autorevole sulla scena internazionale e l'Onu pare apprezzare：quanto promesso dalle due potenze，quasi una eco delle parole di Obama e Hu a Pechino la scorsa settimana，《è una gran bella spinta per il morale》，secondo il portavoce dell'Onu sul clima，John Hay.（Mercoledì 13 Mazro 2011，Corriere della Sera）

（参考译文：北京的这一举措至少强调了形式，在国际社会展示出积极、可信的姿态。联合国似乎会赞赏：这种赞赏是对来自两个强国承诺的赞赏，是对奥巴马和胡锦涛上星期的讲话的一种回应。联合国气候发言人 John Hay 认为，"这非常鼓舞士气"。）

例中下划线词语"pare"（似乎）、"quasi"（几乎）是程度副词。从批评认知的角度来说，语篇运用外部连贯手段表达了对联合国态度的一种揣测。相比较肯定的语言表达，语篇生成者运用认识情态表达，让语篇理解者对联合国的反馈态度表示不屑和质疑，具有反讽的意味，表达一种主观意愿。

例 82

摘自《晚邮报》，2011 年 3 月 13 日

E il ramo cinese di Greenpeace，commenta：《Un gesto significativo in un momento delicato. Ma la Cina può fare di più》. Per il futuro del clima del mondo forse non basta. Per la politica e la diplomazia forse sì.（Mercoledì 13 Mazro 2011，Corriere della Sera）

（参考译文：这是中国的绿色和平枝。John Hay 评论道："这是

敏感时刻一个有意义的姿态，但是中国能够做得更多。"对于未来世界气候中国做得或许还不够，然而在政治和外交方面或许做得够了。）

例中下划线部分"Per il futuro del clima del mondo forse non basta. Per la politica e la diplomazia forse sì."（对于未来世界气候中国做得或许还不够，然而在政治和外交方面或许做得够了。）意大利语"forse"是副词"也许"；"non"是否定副词"不、没有"；"basta"是动词"bastare"的单数第三人称变位"足够、够了"；"sì"是肯定副词"是的"。语篇生成者运用副词短语"forse non basta"（也许不够）和"forse sì"（也许是的），通过句式上的对比形成语篇的外部连贯。一方面表达了"中国政府对未来气候问题做得还不够，但是在政治和外交上做得够了"这一新闻观点，构成了对中国政府举措的评价机制；另一方面起到了引起公众情感效应、引导语篇理解者相信语言事实的语篇效果，具有批判性和讽刺性，达到了批判的政治目的。

综上所述，认识情态是语篇生成者对命题真值的一种评估机制，具有一定的主观性，反映出语篇生成者的主观意识形态。语篇生成者对命题真值与否的主观判断处于一个认识维度（epistemic scale）中。在具体的语篇分析中，认识情态可以通过情态动词和认识情态标记的使用来实现，但认识情态并非与现实世界的事件和场景直接对接，而是语篇生成者对话语中呈现的事件和场景的一种态度，是其主观世界的一种判断。就像 Werth 认为的那样，认识情态是语篇参与者与真实事件和场景之间的一种互动层级（category of interaction），这种互动存在于语篇和语篇生成者所断言的话语之间。从这个意义来说，认识情态起到了建构说话人（speaker）与语篇（text）之间的关系的作用（Werth，1999：176）。这也解释了为什么在系统功能语法中认识情态应该属于人际元功能范畴，与概念元功能和语篇元功能相区别（Halliday，2002：200；转引自 Hart，2010）。

4.4.2.2 传信性

传信性（evidentiality）是语篇中外部连贯的另一种手段。传信性涉及语篇生成者指出他们断言的来源，为其断言的真实性提供言语证据（Hart，2010）。在言语证据的类型方面，根据 Willett（1988）的研究，Hart（2010）指出言语证据分直接证据和间接证据两种类型。其中直接证据包括真实的证明和感官证据，如视觉、听觉等其他感觉证据；间接证据包括报告（reported）和推断（inferring），报告包括第二手资料（secondhand）、第三手信息（thirdhand）和民俗传说（folklore），推断包括结果（results）和推理（reasoning）（Hart，2010）。

传信性相比较认识情态而言，更为客观，强调信息的来源以及推理论证的过程。传信性一般是通过新闻来源的可靠程度来判定的，例如：信息来源是否属于传闻，引用、发布机构的权威程度、信息渠道或信息推断渠道是否客观，是经验还是真实报道等。Werth（1999）运用模型解释了传信情态，或者说证据性情态在认识维度上的对应关系，如图 28 所示。

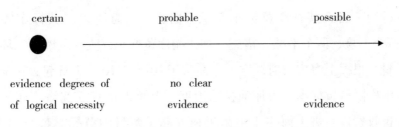

图 28 Evidentiality on the epistemic scale（证据性情态的认识维度）（Werth，1999：134）

同样，Hart（2010）认为当语篇生成者对认识情态的评估机制建立在言语证据或消息来源的可靠性时，也需要细分等级来细化认识维度。Werth（1999：135）对言语证据和消息来源的可靠性认识维度归纳出模型，运用模型解释了信息来源的可靠性在认识维度上的体现，如图 29 所示。

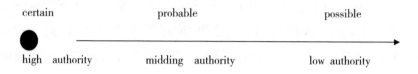

图 29　**Levels of authority on the epistemic scale**（言语证据和消息来源的可靠性认识维度）（**Werth，1999：135**）

依据以上模型中传信性等级的递进关系，我们对环境语篇中消息来源的传信性进行了考察，例如：

例 83

上海全市范围全面限行
《中国环境报》，2015 年 11 月 5 日

针对 10 月起开始实施的全市范围限行黄标车，日前，上海市交通委联合公安交警总队、环保局、交通执法总队在全市开展联合执法行动，当天共查获黄标车 7 辆。据悉，上海还将对黄标车实施"两个不检、两个不准"措施，加快淘汰黄标车，改善全市大气环境质量。根据上海市政府规定，上海市于 2015 年 10 月 1 日起，在全市范围内限行黄标车。为加强执法力度，上海市在 G15 沈海高速公路朱桥收费口、进上海主干道附近树立起了醒目的黄标车禁行标志。据了解，虽然有关部门已经通过多种手段广泛开展社会宣传，但仍有部分外省市黄标车驾驶员心存侥幸，驶入上海。同时，上海市政府相关部门还正在研究更严格的治理措施，如采取业务联动，对黄

标车车主申请办理驾驶人、机动车、道路运输证等相关业务的，暂停办理；对执法查处的违规行驶的黄标车，采取强制报废等。

例中下划线部分"据悉""根据上海市政府规定""据了解""上海市政府相关部门"是四个表示消息来源的短语。语篇生成者运用言语证据不同类型，表达了信息来源的可信程度。其中"据悉""据了解"属于非直接证据，信息来源模糊，可信度较低，需要在非直接的转述性话语中去印证。"上海市政府相关部门"的可信度相对较高，"根据上海市政府规定"是权威机构的消息来源，可信度相对较强。语篇生成者通过不同消息来源的可信度，使得传信情态的意义得以表达，并引导语篇理解者判断命题的真值。

同样，在意大利语环境新闻语篇中，对消息来源的传信性判断也可以依据 Werth（1999：134）的模型进行解析，例如：

例 84

摘自《晚邮报》，2013 年 1 月 12 日

A Pechino, Shanghai, Guangzhou e Xìan sarebbero 8. 572 le persone morte prematuramente nel corso del 2011 a causa di alti livelli di particolato di diametro inferiore a 2, 5 micron, <u>secondo uno studio dell´università di Pechino e di Greenpeace.</u> (12 gennaio 2013, Corriere della Sera)

（参考译文：根据北京大学绿色和平组织的一项研究，2011 年在北京、上海、广州和西安可能会有 8572 人由于 PM2.5 超标而丧生。）

例中下划线部分"secondo uno studio dell´università di Pechino e di Greenpeace"（根据北京大学绿色和平组织的一项研究）体现了话语策略中的传信性。具体而言属于言语证据中的间接证据，即从结果

推理出非直接的证据。依据 Werth（1999：134）提出的传信性认识维度模型，在言语证据的传信性方面属于低一级，需要通过非直接的方式进行验证。所谓低级与高级之分，就是指传信的可靠性和把握性的程度，从完全有把握（certain）到部分有把握（probable），再到没把握（possible）的程度过程。

作为合理策略实现的重要手段之一，传信性在新闻媒体中非常多见。因为在新闻语篇中，语篇生成者所断言的真实性除了来自直接言语证据和间接言语证据以外，另一个来源是知识（knowledge）。Bednarek（2006a）在英国报纸报道的语料研究中归纳出四种用作言语证据的知识类型，即感知（perception）、证明（proof）、显著性（obviousness）和常识（general knowledge）。其中，感知提供直接的感官证据，常识往往存在于间接报道民俗中，而证明和显著性需要从结果和推理中得出间接证据。此后，Bednarek（2006b）进一步提出应该对新闻语篇的言语证据的知识来源进行标识，通过对言语证据提供来源标签（source‒tagging）来识别知识来源的属性（attribution）。来源标签具体分为两种，一种是道听途说的传闻（herasay），另一种是某人已有的感知、感受、知识和思想（mindsay），如图 30 所示。

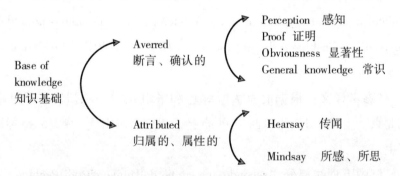

图30　Bases of knowledge as evidence in news discourse（新闻语篇中的言语证据知识来源）（Bednarek，2006b）

来源标签对分析新闻语篇非常有益，特别是语篇理解者对新闻语篇的认知过程有帮助。因为有时在语篇理解者不能对新闻所断言进行真值判断时，至少可以根据来源标签判断言语证据的知识来源。在环境新闻语篇的分析中，我们考察了语料中言语证据来源的知识类型，例如：

例 85

打造会"呼吸"的房子
《中国环境报》，2015 年 10 月 20 日

都市人大部分时间都在室内度过，室内空气质量直接关系到每个人的健康，尤其当室外出现雾霾时，单纯紧闭门窗未必就能避免污染。在日前举办的 2015 年首届中德新风行业高峰论坛上，中外专家就新风行业的发展技术、标准、趋势及应用等进行了深入交流。

专家表示，新风系统的出现能够很好地帮助人们解决室内空气污染问题，营造一个健康舒适的居住环境，推广应用前景广阔。英国《自然》杂志上日前发布的一项研究称，家居能源消耗产生的排放，例如供暖和做饭，对于全球范围内的过早死亡影响很大。环保专家介绍说，当室外大气质量合格时，应采取自然通风。当室外出现雾霾等污染天气时，室内污染就需要靠空气净化装置来净化。这其中包括空气净化器和新风系统。清华大学教授、博士生导师李晓锋指出，具有节能减排功能的新风产品，急需引入中国。

德国造梦者 CEO 艾文哥豪曼用数据表明了应用新风系统的必要性和重要性。据他介绍，由于新风系统的广泛应用，德国每年可减排二氧化碳约 1920 万吨，如果将新风技术引入中国，在节能减排方面会有难以估量的贡献。上海市建筑科学研究院李景广表示，校园新风系统可有效降低教室内二氧化碳含量，避免由于开窗通风带来

的空气污染，保持教室内的高含氧量及空气清洁。专家指出，开窗通风的作用因室外情况而异，当室外 PM2.5 监测值低于 $75\mu g/m^3$ 时，开窗通风有利于室内优质空气的维持；而在室外 PM2.5 监测值高于 $150\mu g/m^3$ 时，开窗通风则成为室内空气质量的破坏因素。

复旦大学光科学与工程系教授陈良尧，巧妙地在自家打造出了一个会"呼吸"的房子。果壳网网友"DIY 出一片天"也晒出了自己家安装新风系统后的室内空气质量对比情况。据了解，目前欧美国家新风系统普及率在90%以上，韩国达到70%，而我国新风系统家庭普及率则不足1%，明显低于国际水平。《中国环境电器消费调查与发展前景分析报告》显示：国外已经普及的家庭新风系统在中国家庭还是一个比较新鲜的事物。即使在我国北京、上海、广州、深圳等一些大城市，新风系统的普及率也还不到15%，一些省会、二三线城市普及率还不到10%，而农村几乎还是一片空白。

例中下划线部分"专家表示""专家指出""环保专家介绍说""据了解""英国《自然》杂志上日前发布的一项研究称""《中国环境电器消费调查与发展前景分析报告》显示""德国造梦者 CEO 艾文哥豪曼用数据表明""上海市建筑科学研究院李景广表示""复旦大学光科学与工程系教授陈良尧建议""果壳网网友"分别代表了言语证据传信性的不同等级。首先"专家表示""专家指出""环保专家介绍说"代表了新闻中言语证据的消息来源是专家知识（public knowledge）。专家知识指说话人假想听话人会考虑到权威观点。"据了解"属于模糊的信息来源，依据 Werth（1999：134）提出的传信性认识维度模型，在言语证据的传信性方面可信度不高，需要通过非直接的方式进行验证。而"《中国环境电器消费调查与发展前景分析报告》显示""德国造梦者 CEO 艾文哥豪曼用数据表明"则表示言语证据的信息来源于权威数据报告，依据 Bednarek（2006a）划分的四种言语证据知识类型，属于"证明"（proof）类，表示从结果推理出非直接的证据，可信度相对较高。

同样，根据 Bednarek（2006b）在言语证据类型的研究基础上提出的来源标签（source - tagging），上例中"上海市建筑科学研究院李景广表示""复旦大学光科学与工程系教授陈良尧建议""果壳网网友"分别是引用个人直接言语证据，但仅从字面无法判断这些言语证据是否建立在别人的传闻（hearsay）基础上。在言语证据的可信度方面，"上海市建筑科学研究院李景广表示""复旦大学光科学与工程系教授陈良尧建议"带有专家知识的色彩，可信度相对高，"果壳网网友"则更接近于传闻，可信度较低，有待语篇理解者判断和推断。

同样，我们再分析意大利语的语料，例如：

例 86

摘自《晚邮报》，2015 年 11 月 9 日

《Quando sono uscito in strada c'era così tanto fumo che mi sembrava che avessero preso fuoco gli edifici vicini》, ha detto un residente di Changchun sul social cinese Weibo. (9 novembre 2015 Corriere della Sera)

（参考译文："当我走到街上时，烟很大，我当时还以为是附近的建筑起火了。"一位新浪微博长春的居民写到。）

依据 Bednarek（2006a）归纳的言语证据的四种类型，例中下划线部分"mi sembrava che"（我感觉）属于感知类（perception）言语证据的类型。"Changchun sul social cinese Weibo"（一位长春微博网友）是引用个人直接言语证据，以证明长春雾霾的严重程度，但仅从字面无法判断这些言语证据是否建立在别人的传闻基础上，因此

可信度较低。

Hart（2011）对 Bednarek 的上述分类进行了增补，添加了两类知识类型，即专家知识（expert knowledge）和认识承诺（epistemic commitment）。其中专家知识指语篇生成者假想听话人会考虑到权威观点，认识承诺指呈现说话人对断言真实性的信仰。感知（perception）、证明（proof）、显著性（obviousness）、常识（general knowledge）、专家知识（expert knowledge）和认识承诺（epistemic commitment）是一个从客观到主观，可信度逐渐减弱的渐进过程（Hart，2011，转引自张天伟，2016）。在环境新闻语篇中，言语证据来源也常常出现专家知识这一类型，如例 87—例 88 所示。

例 87

学生不宜与其"亲密接触"
《中国环境报》，2015 年 10 月 20 日

本报综合报道　媒体近日曝出江苏省苏州等地多名学生出现头晕、流鼻血、喉咙疼等症状，疑与学校塑胶跑道有关。对此，江苏省教育厅召开新闻发布会回应称，初步查明此次"涉毒"的塑胶跑道均为当地自筹自建项目，将责成当地相关部门进一步调查。同时，专家提醒学生和家长，即使是合格的塑胶跑道，学生也不宜和其"亲密接触"。通气会上，专家介绍，塑胶跑道是否安全是可以检测的，检测指标包括苯、甲苯、二甲苯、游离甲苯及重金属中的铅、汞等含量。"其实，30 年前我国塑胶跑道建设不含任何添加剂，照样能达标。"南京林业大学理学院化学与材料科学系教授罗振杨介绍说，为了降低成本，名目繁多的添加剂逐渐涌入。这也提醒有关部门，检测的标准应及时更新。

例中下划线部分"江苏省教育厅召开新闻发布会回应称""南

京林业大学理学院化学与材料科学系教授罗振杨介绍说""专家提醒学生和家长""专家介绍"语篇生成者分别描述了该环境新闻语篇言语证据的信息来源。其中"江苏省教育厅召开新闻发布会回应称"代表权威机构发布的信息，消息来源可信度高。"南京林业大学理学院化学与材料科学系教授罗振杨介绍说""专家提醒学生和家长""专家介绍"均属于言语证据知识类型划分中的专家知识，传信性等级较高。

例88

环境污染影响生育质量?
《中国环境报》，2015 年 10 月 20 日

　　本报综合报道　在日前举办的湖南省 2015 年出生缺陷预防宣传周启动仪式上，<u>湖南省妇幼保健院发布的数据显示</u>，全国出生缺陷发生率约为 5.6%，而湖南省每年新增出生缺陷患儿约 4.6 万例，出生缺陷发生比例城市高于农村。<u>专家表示</u>，影响胎儿发育的因素很多，如社会环境、生活不良习惯、遗传基因等，但环境污染尤其需要被重视。"没有定期产检或者因为检测措施落后，许多畸形儿出生。"<u>北京朝阳医院妇产科副主任医师王素美强调</u>，铅、汞、砷等易导致胎儿生长迟滞、神经系统及智力上的障碍，孕妇在待产期间应避开污染重灾区。不过，<u>北京大学医学部医学遗传学系副主任黄昱表示</u>，我国新生儿出生缺陷率与其他发达国家基本持平，在面对新生儿出生缺陷的问题上，大家没必要恐慌。

　　例中下划线部分"专家表示""湖南省妇幼保健院发布的数据显示""北京朝阳医院妇产科副主任医师王素美强调""北京大学医学部医学遗传学系副主任黄昱表示"是语篇生成者用于描述该新闻言语证据的消息来源。依据 Bednarek（2006a）划分的四种言语证据

知识类型，"湖南省妇幼保健院发布的数据显示"属于"证明"（proof），表示从结果推理出非直接的证据；从言语证据的角度来说属于间接证据，可信度相对较高。而"专家表示""北京朝阳医院妇产科副主任医师王素美强调""北京大学医学部医学遗传学系副主任黄昱表示"分别属于专家知识，引导语篇理解者最大程度相信新闻中转述的来自专家的言语证据。

F. R. Palmer（2001）认为传信情态分为两类，报道型情态（report modality）和感知型情态（sensory modality）（转引自冯军伟，2012）。报道型情态包括报告（report）、推断（inferring）。报告包括传闻（hearsay）和民俗传说（folklore），推断包括结果（result）和推理（reasoning）（Hart，2010），如例89—例90所示。

例89

治霾需联动治本当为先
《中国环境报》，2015 年 4 月 19 日

本报综合报道　在不久前举行的博鳌亚洲论坛 2015 年年会"雾霾与健康"分论坛上，与会嘉宾就雾霾的危害与治理展开了热烈的讨论。"实际上，有些领域不需要科技，只要采取行动就可以使能耗降低 70%—80%。"远大集团董事长兼总裁张跃说，"比如建筑节能，美国的建筑能耗比我国少一半，而这并不需要复杂的技术，只需要给建筑穿一件'外衣'，就可以实现冬天保暖、夏天隔热的效果，如果环境保护部、住房和城乡建设部将这个事情抓紧一点是可以解决的。"

"大家一谈起雾霾，似乎都是在关注钢铁、汽车等行业，但实际上，超过 1/3 的能源消耗都是来自于建筑行业，比汽车行业还要多。所以建筑行业降低能耗，对治理雾霾可能更为重要。"SOHO 中国董

事长潘石屹说。<u>中国科学院院士、国家气象局原局长秦大河也表示</u>："治理雾霾取决于政府、科研机构和公众的联动效应，每个人都和环境质量息息相关，改善环境必须有公众的个体参与。中国的抗霾行动非常坚决，民众的环保觉悟也有了很大提高，要说治霾成功的可能性，我认为是很有希望的。"

例中下划线部分"似乎都是""实际上"表示从思维推理出非直接的证据。依据 Bednarek（2006a）归纳出的四种言语证据类型，"似乎都是"、"实际上"属于"显著性"（obviousness）这一类型，需要从结果和推理中得出间接证据。语篇生成者运用传信性中的"显著性"（obviousness）言语证据，试图引导语篇理解者肯定新闻引述的观点。下划线部分"远大集团董事长兼总裁张跃说"代表个人直接言语证据，属于证明类（proof）。依据 Bednarek（2006b）提出的来源标签（source – tagging），"中国科学院院士、国家气象局原局长秦大河也表示"的属性是专家知识，该言语证据的信息来源可靠、权威。再如：

例 90

谎言不能帮日本走出阴影
《中国环境报》，2013 年 10 月 22 日

<u>据央视《新闻联播》报道</u>，由于担心福岛第一核电站核污水泄漏问题日益严重，并对周边海域造成影响，韩国政府近日组织记者在日本福岛附近进行调查采访，<u>韩国广播公司 KBS 的报道称</u>，福岛周边放射性物质严重超标。<u>近来网络流传的一系列疑似受福岛核泄漏污染的"基因突变蔬菜"的照片</u>，让人触目惊心。<u>有日本教授表示</u>，带有放射性物质的核污水流入海洋后会逐渐扩散至全球，海产品将无可避免地受到污染。

　　例中下划线部分"据央视《新闻联播》报道""韩国广播公司KBS的报道称""近来网络流传""有日本教授表示"分别代表语篇生成者使用的言语证据的消息来源。在言语证据的可信度方面，"央视《新闻联播》报道"和"韩国广播公司KBS的报道称"属于间接言语证据，但发布机构较为权威，因此传信性等级较高，言语证据可信度相对较高。"近来网络流传"从言语证据来源标签的角度来说，属于报道中的传闻（hearsay）属性，消息可信度相对较低。"有日本教授表示"属于间接言语证据，虽然具有专家知识的特点，但是显著性不够，因为没有说明专家的姓名、所在单位等信息，因此言语证据来源的可信度较弱。

　　同样，在环境新闻语篇的意大利语语料中，我们也对言语证据的类型进行了考察，如例91—例94所示。

例91

摘自《晚邮报》，2015 年 9 月 15 日

Condannati a morte dall'aria sporca

L'ultimo studio scientifico del governo ha ammesso che l'89 per cento delle grandi città della Repubblica Popolare non raggiunge lo standard di qualità dell'aria: significa che in 66 metropoli su 74 bisogna circolare con la mascherina protettiva sempre pronta. La Peking University e Greenpeace hanno fatto una proiezione: lo smog in queste città irrespirabili uccide 90 persone su 100 mila prematuramente ogni anno. （26 settembre 2015 Corriere della Sera）

　　（参考译文：由于空气污染被宣判死刑的人们。政府最新科研数据显示中国80%的大城市都没有达到空气质量合格的标准。这意味着每74座城市中就有66座城市的居民需要长期佩戴口罩出行。北

京大学和绿色和平组织做了一项数据调查，每年 10 万人中就有 90 人因雾霾导致丧命。）

例中下划线部分 "L'ultimo studio scientifico del governo"（根据政府最新科研数据），表示从结果推理出非直接的证据。下划线部分 "La Peking University e Greenpeace"（北大和"绿色和平组织"）引出数据调查的结果，运用了合理策略中的传信性表达。北大和"绿色和平组织"数据来源于权威研究机构，依据 Bednarek（2006a）归纳的四种言语证据类型，属于证明类型（proof），言语证据可信度较高。语篇生成者运用传信度较高的数据来源，引导语篇理解者相信数据的真实性。

例 92

摘自《晚邮报》，2014 年 4 月 1 日

Secondo i dati del Ministero dell'Ambiente cinese, Zhengzhou fa parte delle terribili quattro città più inquinate di Cina, insieme con Handan, Baoding e Shijiazhuang. Ma anche Pechino è stata considerata da diversi studi 《ai limiti dell'inabilità per l'uomo》, tanto che a fine febbraio, per protesta, anche le statue della città sono state dotate di mascherina. In quei giorni infatti le polveri sottili sono arrivate a 444 microgrammi per metro cubico, quando l'Organizzazione mondiale della sanità sostiene che debbano arrivare a un massimo di 25.（1 aprile 2014 Corriere della Sera）

（参考译文：根据中国环境部的数据显示，郑州和保定、邯郸、石家庄一起是中国污染最严重的四座城市。然而北京被很多研究机构誉为"不适合人类居住的城市"，在 2 月末，北京城里随处可见口罩。在这段时间里，微小颗粒物 PM2.5 达到了 444，然而世界卫生

组织公布的预警值是 25。）

例中"Secondo i dati del Ministero dell'Ambiente cinese"（根据《中国环境报》的数据）和"da diversi studi"（不同研究显示）是话语策略中言语证据来源的传信性表达，具体来说，依据 Bednarek（2006a）划分的四类言语证据类型，"Secondo i dati del Ministero dell'Ambiente cinese"（根据《中国环境报》的数据）属性是证明（proof），需要从结果和推理中得出间接证据，但发布机构较权威，因此传信度等级较高。"da diversi studi"（不同研究显示）也属于证明（proof）类的间接言语证据，但由于发布机构不明确，因此传信度等级较低。依据 Werth（1999：135）提出的信息来源的认识维度模型，以上两例在言语证据的传信性方面属于高一级和低一级的，说明传信性的程度不同。

例 93

摘自《晚邮报》，2015 年 11 月 18 日

Sarà peggio. Il servizio meteorologico ha detto che lo smog rischia di essere peggiore di quello del precedente allarme rosso, con la concentrazione di Pm 2, 5 che salirà a 500 microgrammi per metro cubo d'aria（μg/m³）. Esasperazione dei cittadini cinesi sui social media. 《Ci risiamo!》, ha detto un utente di Weibo. 《Cosa sta facendo il governo? è in grado di prevedere lo smog, ma non prendere le misure appropriate per ridurlo》, ha aggiunto un altro utente.（18 dicembre 2015 corriere della sera）

（参考译文：这将会更糟糕。气象局报道说雾霾的严重程度将会有超越之前红色预警的危险，红色预警等级即 PM2.5 每立方米微小颗粒物超过 500。中国大众媒体的网民们表示愤慨。"又让我们赶上

了!"一个微博网友说道。"政府在做什么？有能力预测到雾霾，却没有切实有效的措施减少雾霾吗?"另一个网友追加了评论。）

例中下划线部分"sarà peggio"（将会更糟糕）运用了传信性的表达。意大利语"sarà peggio"中的"sarà"是系动词"essere"的简单将来时，与副词"peggio"（更坏、更糟糕）搭配，构成一种推断式句式，依据 Bednarek（2006b）提出的言语证据的来源标签，属于需要从结果去推断的间接证据（inferring）。下划线部分语篇生成者运用了"sui social media"（在大众媒体）、"utente di Weibo"（微博用户）这两个数据来源平台引述网民的批评。依据 Bednarek（2006b）提出的言语证据的来源标签，"sui social media"（在大众媒体）、"utente di Weibo"（微博用户）消息来源类型属于报道型（reported）中的传闻（hearsay）。语篇生成者采用合理策略中的传信性手段，借助中国网民的不满引导读者对中国政府的认知。从言语证据的类型来说，有些证据来源是官方发布，具有权威性；有些是个人行为，具有主观性。但是从话语策略的角度来说，无论是权威信息还是个人发布的信息，都起到了引导语篇理解者进行认识承诺的目的，可信度从客观到主观递增。但两者相比，权威信息更有说服力和可行度，也是环境语篇中出现频率较多的原因之一。

例 94

摘自《晚邮报》，2015 年 11 月 10 日

Il livello di inquinamento rilevato a Shenyang, capoluogo del Liaoning, è《il più alto che si sia mai registrato nel mondo》: domenica 8 novembre secondo i dati delle autorità locali sono stati registrati 1. 157 microgrammi al metro cubo（µg/m3）di polveri sottili Pm 2，5 cioè 58 volte sopra il limite di 20 µg/m^3 considerato《preoccupante》dall' Organizzazione mondiale della sanità（Oms）. A Changchun（città di 8 milioni di abitanti, capoluogo del Jilin）la concentrazione è stata di 860 μg/m³, 43 volte sopra il limite Oms. <u>Secondo la legge cinese</u>, invece, il livello da non superare è di 35 μg/m³. <u>L' agenzia di stampa ufficiale cinese Xinhua</u> riporta che in alcune zone la concentrazione è arrivata addirittura a 1.400 μg/m³, 40 volte sopra il già alto limite cinese.（10 novembre 2015, Corriere della Sera）

[参考译文：辽宁省省会沈阳的空气污染水平已经创了世界纪录。11 月 8 日星期天，当地权威部门发布数据显示，PM2.5 已经达到每立方米 1157 微米的状态，超出了世界卫生组织所预警的每立方米 20 微米的 58 倍。在长春（800 万人口的吉林省省会）PM2.5 的数值达到了 860，是世界卫生组织预警数据的 43 倍。根据中国的法律，每立方米 PM2.5 达到 30 才会被关注和预警。中国官方报社新华社报道称，在中国部分地区 PM2.5 峰值已达到每立方米 1400 微米，是中国预警标准（30 微米）的 40 倍。]

例中下划线部分"secondo i dati delle autorità locali"（据当地权威部门发布的数据）、"Organizzazione mondiale della sanità（Oms）"（世界卫生组织）、"Secondo la legge cinese"（根据中国法律）、"L' agenzia di stampa ufficiale cinese Xinhua"（据新华社报道），语篇生成者运用这四个新闻言语证据来源，形成了鲜明的对比。将"沈阳当地权威部门的数据"与"世界卫生组织"发布的预警标准进行对比，将"新华社报道"的雾霾数据与"中国法律"目前对雾霾的预警标准进行对比，凸显了中国雾霾的严重程度。语篇生成者通过引述不同部门发布的雾霾标准和数据，试图引导语篇理解者批判中国法律对雾霾标准的界定低于世界卫生组织。依据 Bednarek（2006a）归纳的四种言语证据类型，以上例子都属于证明（proof）类言语证据。从传信度等级来看，以上言语证据都来源于权威机构，可信度较高。语篇生成者运用传信等级较高的数据来源机构，引导语篇理解者被迫去接受新闻所描述的事实，理所应当认为一切都是真的。

4.5 小结与启示

　　话语策略是 CDA 实现操纵目的的具体手段和途径，本文认为话语策略又分为宏观话语策略和微观话语策略。本章重点结合环境新闻语篇探讨了微观话语策略，微观话语策略包括指称策略、述谓策略、接近策略和合理策略，分析了这些话语策略是如何按照语篇生成者的意图，实现话语意图和操纵目的，最终实现强制目的的。此外，本章还重点介绍和应用了认识情态是如何在环境语篇中再现和蕴含意识形态的。本章和第三章一起共同构成了环境新闻语篇分析的两大内容，即语篇的认知机制和语篇的话语策略。其中，语篇的认知机制既是语篇生成者实现强制目的的实现途径，也是语篇理解者理解语篇的重要方法。而语篇的话语策略则是从语篇生成者角度而言，是语篇生成者为实现语篇操纵目的的具体实施手段。那么认知机制与话语策略具体是什么样的辩证关系？宏观话语策略与微观话语策略又是如何互动的？如何构建两者间的互动模型？在详细分析了语篇的认知机制和语篇的话语策略的基础上，本文第五章将继续深入探讨两者之间的内在联系以及宏观话语策略和微观话语策略的关系。

5 环境新闻语篇认识机制与话语策略的互动研究

本章在第三章和第四章分析的基础上，整合了这两章的研究内容，以环境新闻语篇为语料分析对象，重点探讨了认知机制与话语策略的互动研究。

5.1 认知机制与话语策略

CDA 的主要目标是揭示语篇生成者的语篇强制目的，通过解码意识形态，探讨话语的隐含意图和语篇生成者对语篇是如何操纵的，最终揭示社会政治语境中权力滥用、不平等性和认同构建是如何通过话语实践来实现的。在话语实践中，语篇的强制通常体现在各种话语策略中，话语策略是实现语篇强制目的的方法和手段。而从认知语言学的研究路径的角度来说（Cognitive Linguistic Approach，以下简称 CLA），可以建立对强制（coercion）和语言操纵（linguistic manipulation）进行识别和分析的新方法，识别和分析语篇中所操纵的话语和心理策略。认知语言学可以为 CDA 提供更多的研究方法选择，并提供一种将隐喻表现、转喻表现、心理空间与概念整合、前景和背景、社会和习俗的范畴以及注意力、各种图式等加以理论化的方法。正如 Geeraerts（2010）认为的，认知语言学不仅试图描写，也会采用一种评价立场（evaluative stance），其更多的是一种批评形式（critical form）。CDA 同 CLA 一样，都关注意义的表达，但 CDA 更关注宏观的社会意义。CLA 和 CDA 的融合，一方面可以进一步验证认知语言学的解释力；另一方面可以进一步提高 CDA 研究的明晰性和深度，使认知语言学更加关注政治语篇和社会语篇，聚焦语言使用的社会性和政治性，考察语言在社会文化语境下的生成和理解的认知过程（张辉、江龙，2008）。

我们认为批评认知语言学研究有宏观和微观之分，宏观方面如以 van Dijk（2001）为代表的社会认知模式，微观方面是以 Hart 和 Chilton 为代表的研究。本研究主要采用微观的批评认知语言学视角。从 CLA 角度探讨话语策略，主要体现在对不同话语策略的识解操作的认知解读上，包括从认知语言学的隐喻、转喻、心理空间与概念整合等不同理论背景研究话语背后隐性的意识形态等。识解操作可以解构不同话语策略。在 CDS 的研究中，在不同的具体语境中，识解操作实现为不同意识形态的话语策略（Reisigl & Wodak，2001）。实施话语策略的最终目的是实现强制，从认知语言学角度解读话语策略，有利于语篇理解者更好地解读话语策略中蕴含的隐性话语和意识形态意义，了解语篇生成者是如何操纵话语策略的。话语策略的表现形式有多种多样，但最终表现为蒙蔽和强制两个目的，对话语策略的认知解读可以更好地解析话语策略的表达方式、隐含的话语功能和意识形态效应，了解语篇、社会和语篇生成者之间的关系。话语策略与认知机制之间是相辅相成的关系，是理论基础与应用实践之间的关系，是动机目的与实现方法之间的关系。认知机制的解读可以更好地理解话语策略，而话语策略也是建立在认知机制的基础之上。

5.2　话语策略的识解解读

话语策略是语篇生成者用于实现语言操纵的具体方法。语篇的认知机制既是语篇生成者实现强制的方法，同时也是语篇理解者用来理解语篇背后隐性话语的途径。从语篇生成者的角度来说，为达到语篇强制的目的，可以采用不同的语言手段，如隐喻、转喻、概念整合等方法。从语篇理解者的角度来说，通过对语篇认知机制的解读，可以更好地理解语篇生成者想要实现的话语目的。因此，解读语篇的认知机制是揭示语篇生成者与语篇理解者之间关系的重要途径。话语策略建立在认知机制基础之上，认知机制主要体现在从认知语言学的不同理论视角对话语策略不同识解操作的解读。Hart（2011a：269）指出批评话语分析研究中所运用的各种话语策略手段都需要通过识解操作来实现。换言之，认知识解操作是语篇生成者实施话语策略的基础。只有通过认知识解操作，语篇理解者才能激活对话语的定向理解，语篇生成者所采用的话语策略才能得以实现，进而达到语篇强制和操纵的目的，语篇背后的意识形态意义才能得以体现。Hart（2014b）认为认知语言学的理论核心是概念化（conceptualization）和识解（construal）。就概念化而言，CLA 关注语篇和概念化之间的关系；就识解而言，CLA 关注语篇表征形式和认知的关系，识解是 CLA 研究的重点，其指在一个给定的场境中（scene），语言被概念化的不同方式，这些方式依赖于不同的跨域认知系统，表现在不同的话语策略中，凸显不同的主题，如意识形态、合理性（legitimating quality）等。

在微观的批评认知语言学视阈下，本文认为话语策略分为宏观策略和微观策略。其中宏观话语策略是从批评认知的角度对语篇的认知基础进行宏观概括和理论梳理，从宏观上解释语篇的认知机制。主要依据 Hart（2014b）提出的几种话语策略及其识解解读，如结构构型策略（structural configuration）、框架策略（framing）、识别策略（identification）和定位策略（positioning）。本文主要介绍框架策略。微观话语策略，指在具体的话语实践中，语篇生成者用来实现不同意识形态目的所采取的微观策略。本研究主要依据 Hart（2010）重点探讨了指称策略、述谓策略、接近策略和合理策略四个微观策略。在阐述话语策略与认知机制关系的基础上，对 Hart 提出的话语策略的主要观点及其识解操作机制进行梳理、介绍、探讨和修补。并对话语策略进行层级划分，体现宏观策略、微观策略与认知机制相结合的理论建构模式，这也是本研究的创新之处。

5.2.1　宏观话语策略的识解解读

在宏观话语策略中，本章研究的主要是框架策略。框架策略是 Hart 在 Fillmore 框架语义学基础上提出来的。从批评的角度看，语篇框架中任何一个要素被引入，都会激活框架中的剩余部分（Fillmore，1982：111）。在框架策略中，语篇生成者能够将凸显的知识概念化，特定的知识领域可及，进而形成一种推理模式（Hart，2014b：174）。Hart 认为框架策略包括两个基本内容，一是范畴化，二是隐喻化。我们将框架理论图示化为图31。图31 中，在认知域的整体框架中，凸显点作为焦点被概念化，从而激活整个认知域框架。

诚然，框架理论的基本内容也是不断发展的，除了范畴化和隐喻化外，别的内容也会被不断地充实进来。

图31　框架理论

在此理论基础上，本研究在分析环境新闻语篇中，发现框架策略包括以下两个基本内容：范畴化和概念化。范畴化是认知语言学研究的重要内容，如经典理论和原型理论对范畴化的研究等，包括范畴的定义、性质、遵循原则、对事物进行分类、比较和概念化的过程等。而概念化指语篇中意义产生的动态认知过程；依据本文第三章的研究，概念化又可以体现在隐喻化、转喻化、隐转喻和概念整合这四个识解工具。以下分别对框架策略中的范畴化和概念化进行识解。

5.2.1.1　范畴化识解阐释

范畴化作为一种手段可以引导语篇理解者对语篇陈述对象的认同，语篇生成者可以将自己的主观意愿通过范畴化分类传递给语篇理解者，以达到语篇目的。例如：

例95

据央视《新闻联播》报道，2013年10月22日，《中国环境报》由于担心福岛第一核电站核污水泄漏问题日益严重，并对周边海域造成影响，韩国政府近日组织记者在日本福岛附近进行调查采访，韩国广播公司KBS的报道称，福岛周边放射性物质严重超标。近来网络流传的一系列疑似受福岛核泄漏污染的"基因突变蔬菜"的照片，让人触目惊心。有日本教授表示，带有放射性物质的核污水流入海洋后会逐渐扩散至全球，海产品将无可避免地受到污染。

例中语篇生成者运用范畴化将语篇中的消息来源进行分类，下划线部分"据央视《新闻联播》报道""韩国广播公司 KBS 的报道称""近来网络流传""有日本教授表示"分别代表不同言语证据的消息来源，但分类和用法各不相同，对其隐含的意识形态表达也相应不同。语篇生成者对各类言语证据的信息来源进行分类，运用范畴化的方法实现消息来源可信度的差别，进而引导语篇理解者按照语篇生成者的意图，理解语篇及其隐含的意识形态。

5.2.1.2 概念化识解阐释

框架策略可以运用概念化的识解方式进行解读。本文认为概念化可以体现在概念转喻、概念隐喻和概念整合等方面。概念化的意识形态功能表现为，可以在对社会参与者（social actors）的范畴化的过程中，予以清晰地辨别（Van Leewen，1996；转引自 Hart，2014b：174）。

首先，概念转喻作为一种重要的识解工具，对语篇认知机制的解读有着重要的作用。转喻被看作是 ICM（Idealized Cognitive Model）中的一种形式（Lakoff，1987）。转喻基于邻近性，转喻的发生取决于事物之间是否产生具有邻近性的相互替代关系。语篇中概念转喻的使用可以更简洁、更委婉地揭示出语篇背后的隐性话语。例如：

例 96

"企业不要躲在政府的后面，2015 年 3 月 16 日，《中国环境报》要积极沟通，让利于民，与社区共建，积极做好相关工作。"在全国两会日前举行的记者会上，环境保护部部长陈吉宁表达了这样的期望。

例中下划线部分"企业"和"政府"是两个不同的认知域，属于转喻关系。在"企业"的认知域中，其特征是"企业经营"；在"政府"的认知域中，其特征是"政府管理"。该转喻属于"范畴与其特征之间关系"（a category for characteristic）的转喻类型，即"企业经营"不要躲在"政府管理"的后面。语篇生成者将凸显的"企业"和"政府"概念化，激活不凸显的特征"企业经营"和"政府管理"，使语篇理解者能够更清晰和准确地了解语篇生成者的基本意图，进而形成一种推理模式。因此，概念转喻的视角可以对语篇概念化的过程进行解读，揭示语篇的隐性内容和意识形态意义，即：弱化政府的强势管理形象，环境问题需要在发展中解决。在此过程中，政府和企业各司其职。

第二，概念隐喻是 CLA 中另一种重要的识解工具，语篇中隐喻的使用可以将抽象化的概念转为形象化的、可理解性强的事物或概念，使语篇理解者对语篇更容易感知和理解，进而更清晰地理解语篇中隐含的意识形态意义。例如：

例 97

治大气要动哪些"大手术"？2015 年 3 月 11 日《中国环境报》吕忠梅表示，修订草案还存在一些与新《环保法》重复的问题。新《环保法》被定位为生态环境保护领域的综合性法律，具有基础性地位，主要是建立全局性、原则性的制度体系。

例 97 中"治理大气污染"被概念化为"治大气要动哪些大手术"。语篇理解者可以通过源域"动大手术"，去理解目标域"治理大气污染"。语篇生成者通过实体性隐喻的表达，描述治理大气污染的急迫性，使新闻文体表达更形象和生动，能够让语篇理解者更好地理解隐喻的意识形态，进而理解和解读整个语篇的隐性内容，即治理大气污染已刻不容缓。

第三，概念整合是基于心理空间理论发展起来的又一个 CLA 的识解工具。概念整合将数个不同的概念或认知域加工成一个新的概念或认知域。语篇中概念整合的使用，语篇理解者可以更形象化地感知和理解两个映射域之间的关系，进而理解语篇中隐性话语。例如：

例 98

如今只见失街亭，不见斩马谡。只听得狠话，不见兑现蓝天。一年又一年，但愿今年少听狠话，多见蓝天。（2015 年 3 月 26 日，《中国环境报》）

本例既可以用隐喻理论进行识解，也可以通过概念整合理论解释。其中三国典故"失街亭、斩马谡"是一个输入空间，"治理大气污染"是另一个输入空间。两者之间的共性是"不管做什么事情，都要下决心，采取切实可行的措施，保证见成效"，这种共性属性构成了一个类属空间，而两个输入空间整合后的结果是构成一个整合空间。政府治理大气污染就要像"挥泪斩马谡"一样，不能只一味地"失街亭"，造成大气污染，却不严格追究肇事者和政府监管部门的责任，这样最终还是难见蓝天。这种概念整合的表达能够让语篇理解更好地去理解概念化的含义，进而理解和解读整个语篇的隐性话语。

综上所述，框架策略在语篇中的作用是宏观理论层面的，框架策略的认知基础主要体现在范畴化和概念化。框架策略的本质是通过使语篇理解者对语篇表达中最凸显的部分进行概念化，从而激活对整体语篇的理解，最终使语篇理解者按照语篇生成者的意图更好地理解语篇的隐性话语。因此，框架策略在语篇中的作用是宏观的，能够帮助语篇生成者实现操纵。

5.2.2　微观话语策略的识解解读

微观话语策略是指具体的话语实践中，语篇生成者用来实现不同意识形态目的所采取的微观策略。本文在第四章主要探讨了 Hart（2010）提出的指称策略、述谓策略、接近策略和合理策略。以下分别对这四种微观话语策略进行识解。

第一，指称策略是通过对组群内和组群外的划分来探讨人类对同盟组群（coalitional group）进行范畴化的能力（Hart，2010）。指称策略在语篇中既指向组群内，也指向组群外。Hart（2010）认为指称策略主要包括国别化、解空间化、异化和集体化几个具体策略。例如：

例 99

中国的污染物真的已经"冲出国门走向世界"，甚至在千里之外"安家落户"了？从历史上看，<u>发达国家</u>不也同样经历过这样一个过程吗？无论是<u>伦敦</u>、<u>洛杉矶</u>还是<u>东京</u>，许多国际大都市都曾遭受过大气污染的肆虐，也正是在那样的岁月里，<u>发达国家</u>积累了丰富的节能减排和污染治理经验，如今，他们有责任、也有能力为中国治霾提供技术支持。

从微观话语策略来说，例中下划线部分"中国""发达国家""伦敦""洛杉矶""东京"语篇生成者分别运用了国别化的指称策略，区分组群内和组群外，以确定组群界限。依据 Hart（2010：56-57）对指称策略表达形式的划分，我们可以看出："中国"是以组群内明确（explicit）国别化名词形式存在。"发达国家""伦敦""洛杉矶""东京"分别以指示（deictic）的名词词组形式存在。"发达国家"指"经济发展水平高的发达国家"；"伦敦""洛杉矶"

"东京"使用地理性空间词区别国别性，指英国、美国、日本三个国家。

语篇生成者通过以上国别化策略达到了区分组群的效果，所体现的认知机制是范畴化（categorization），即通过对"中国""发达国家"以及三个具体城市进行分类、比较和概念化的过程，使语篇理解者按照语篇生成者的意图对整个语篇进行理解。即引导语篇理解者了解"污染是无国界的全球性环境问题，不仅局限在发展中国家。解决雾霾问题应倡导合作机制，而不是互相指责"这一隐性话语。

第二，述谓策略是指在具体的话语实践中，语篇生成者运用不同的语言表征将某种质和数的属性赋予事件、事件主体和某种行为，以此引导语篇理解者对组群外带有威胁暗示成员的认知。Hart（2010：66）总结了述谓策略的几种语言表征。语篇生成者通过不同语言结构的使用，如名词、动词名词化形式、介词短语、关系从句以及一些隐喻的表达等，加强语篇理解者对事件或事件主体的认知理解，引发一定的情感效应，以达到语篇目的。我们可以依据 CLA 中的概念隐喻、概念整合和概念转喻对述谓策略进行识解。例如：

例 100

I timori cinesi per il caso Volkswagen. Intanto in Cina ha molta eco lo scandalo delle emissioni truccate della Volkswagen.

（参考译文：德国大众事件造成了中国恐惧。德国大众掩盖的尾气丑闻事件在中国反响很大。）（摘自《晚邮报》，2015 年 9 月 25 日）

首先，本例语篇生成者采用的是微观话语策略中的述谓策略。通过将形容词"truccate"（化妆的）所表达的质性赋予德国大众公司，引导语篇理解者了解德国大众的正面形象是"化妆、假扮"而成的，从而揭示尾气事件是德国大众公司有意掩盖的丑闻，引导语篇理解者推测该事件的隐蔽性。我们可以运用概念隐喻对述谓策略进行识解。本例具体运用了概念隐喻中的实体性隐喻。源域是"emissioni truccate"（化过妆的尾气），目标域是"弄虚作假的行为"，两者之间的相似性在于都是"虚假的、假扮的"。语篇中隐喻的使用，使语篇理解者更形象地理解德国大众对柴油车尾气测量软件进行改装、弄虚作假的行为，更清晰地理解语篇中隐含的意义。

其次，例中"I timori cinesi per il caso Volkswagen"（德国大众事件造成中国恐惧），通过将名词"timori"（恐惧）所表达的质性赋予中国，引导语篇理解者理解德国大众形象在中国的倒戈。我们可以运用概念整合视角对此述谓策略进行认知识解。其中"il caso Volkswagen"（德国大众事件）是一个输入空间，"I timori cinesi"（中国恐惧）是另一个输入空间。两个输入空间的共性是都能引起负面效应。这种共性属性构成了一个类属空间，而两个输入空间整合后形成一个整合空间。通过概念整合机制可以使语篇理解者更好地理解德国大众尾气排放丑闻事件对中国造成的负面影响，进而更清晰地理解语篇中的隐性话语，表达了媒体对该事件的批判性新闻态度。

例 101

la città scoppia：Ma Fiumicino brucia，Malpensa si allaga，i treni si fermano a Firenze. Expo è un'altra chance perduta. Uno si sforza di rico-struire un po'di fiducia，ma poi un paese che in piena invasione turistica lascia bruciare Fiumicino e allagare Malpensa，è un paese senza speran-za. Ma noi siamo italiani，un po'arrabbiati un po'rassegnati. Gli flussi turistici infiammano la Penisola. Expo è sia una sfida che un' altra chance per l' Italia. (SOS Trasporti, 20 maggio 2015 – Numero 22, Corriere della Sera)

（参考译文：城市爆炸了，小河机场在燃烧，马尔彭萨机场被淹没，火车停滞在佛罗伦萨。世博会是一场失败的机遇。一方面国家努力在世界面前构建信任感，一方面米兰和罗马又被大批游客所淹没和侵袭。这个国家已经没有希望。面对这样的情况我们意大利人感到又气愤又惭愧。大批游客因世博会涌入亚平宁半岛，这对意大利来说是机遇也是挑战。）（摘自《晚邮报》，2015 年 5 月 20 日）

例中下划线部分"si infiammano"（点燃）、"flussi"（涌入）、"invasione"（占领）、"si fermano"（停滞）语篇生成者采用的是微观话语策略中的述谓语策略，用于描述组群外成员，即世博会游客们涌入了亚平宁半岛，对米兰、罗马机场和佛罗伦萨火车等交通枢纽构成了巨大压力。我们可以运用概念隐喻对此述谓策略进行认知识解。具体来说，本例通过使用实体隐喻中的战争隐喻，如：动词"scoppia"（爆发）、"bruciare"（燃烧）；名词"perduta"（失败）、"invasione"（侵略）；实体隐喻中的水的隐喻，如：自反动词"si al-laga"（淹没）、"si fermano"（停滞）、名词"flussi"（涌入）；以及实体隐喻中的火的隐喻，如："si infiammano"（点燃）描述了米兰这座城市因世博会变得人满为患。语篇生成者通过隐喻，激活了语篇理解者对世博会环境旅游交通压力的理解，加强了对世博会旅游负面效应的认知推理。

在具体的话语实践中，语篇生成者还运用了表示"危险"（danger）含义的惯用语句。本文第四章归纳了意大利语环境新闻语篇中常见的几类表示述谓策略的惯用语句（参见第四章）。例中下划线部

分 "Gli flussi turistici si infiammano la Penisola"（涌入的大批游客点燃了亚平宁半岛）是表示危险含义的惯用语句，因为大批游客涌入对意大利交通造成了隐患。我们可以用概念隐喻和概念转喻对此述谓策略进行认知识解。具体来说，"Penisola"（亚平宁半岛）转喻性指代 "意大利" 这个国家，"si infiammano"（点燃）隐喻性表达了 "世博会游客的到来点燃了整个意大利"。

第三，接近策略是发展认知语用模型过程中的一种微观策略，以指称策略和述谓策略为先决条件，既涉及空间维度又涉及时间维度（Cap，2006：4；转引自 Hart，2010：84）。接近策略的原理是告知听读者某一邻近的具有威胁倾向的现象即将发生，并需要听读者做出及时的反应（陈鹤三，2011）。我们可以依据从 CLA 中的范畴化对接近策略进行识解。例如：

例 102

3 月 2 日，环境保护部的官方网站上发布了<u>京津冀、长三角和珠三角区域</u>环境空气质量形势预报。根据预报提示：5—7 日，<u>京津冀区域扩散条件转差</u>，中南部将会以中至重度污染为主。3 月 3 日，北京市环保监测中心发出预报：<u>3 月 5 日元宵节当天</u>，北京市将出现中度—重度污染，并<u>预计 3 月 6 日</u>的扩散条件仍旧较差，会持续重度污染，<u>直到 3 月 8 日</u>空气质量<u>才会改善</u>。（2015 年 3 月 6 日，《中国环境报》）

本例语篇生成者采用了微观话语策略中的接近策略。语篇生成者描述了 2015 年 3 月北京两会期间的天气预测，下划线部分既有时间上的临近，如："3 月 5 日元宵节当天""直到 3 月 8 日"；又有空间上的接近，如："京津冀区域""长三角和珠三角""中南部""北京市"。指示中心由名词短语 "京津冀区域" "长三角和珠三角" "中南部""北京市" 表征。外部指示中心元素由动词短语 "将出现中度—重度污染""会持续重度污染"表达具有威胁性的事情正在向指示中心靠近。副词短语"仍旧较差""才会改善"分别概念化地表达了雾霾事件"已经发生"和"即将发生"的时间概念。因此,语篇生成者通过时间和空间上的接近策略引导语篇理解者认识雾霾来袭的范围和严重程度。

我们可以运用 CLA 中的范畴化视角对接近策略进行认知识解。具体来说,语篇生成者通过对"京津冀区域""长三角和珠三角""中南部""北京市"的范围分类、比较和概念化,使语篇理解者感受到危险在空间上的逐步临近,从"京津冀区域"扩散条件转差,到"中南部"中至重度,再到"北京市"中至重度污染,污染恶化随地理空间层级递进。语篇中范畴化的使用,使语篇理解者在概念化的过程中,对污染等级的认识形成不同的认识框架,按照语篇生成者的意图理解整个语篇。

第四,合理策略是另一种微观话语策略,主要依赖认识情态和传信性进行表达。我们可以依据 CLA 中的范畴化对合理策略进行认知识解。例如:

例 103

专家表示,新风系统的出现能够很好地帮助人们解决室内空气污染问题,营造一个健康舒适的居住环境,推广应用前景广阔。英国《自然》杂志上日前发布的一项研究称,家居能源消耗产生的排放,例如供暖和做饭,对于全球范围内的过早死亡影响很大。环保专家介绍说,当室外大气质量合格时,应采取自然通风。复旦大学光科学与工程系教授陈良尧,巧妙地在自家打造出了一个会"呼吸"的房子。果壳网网友"DIY 出一片天"也晒出了自己家安装新风系统后的室内空气质量对比情况。据了解,目前欧美国家新风系统普及率在 90% 以上,韩国达到 70%,而我国新风系统家庭普及率则不足 1%，明显低于国际水平。《中国环境电器消费调查与发展前景分析报告》显示：国外已经普及的家庭新风系统在中国家庭还是一个比较新鲜的事物。（2015 年 10 月 20 日，《中国环境报》）

从微观话语策略的角度来说，本例语篇生成者运用了合理策略中的言语证据传信性表达。下划线部分"专家表示""环保专家介绍说""据了解""英国《自然》杂志上日前发布的一项研究称""《中国环境电器消费调查与发展前景分析报告》显示""复旦大学光科学与工程系教授陈良尧建议""果壳网网友"分别代表了言语证据传信性的不同等级。

首先"专家表示""环保专家介绍说"代表了言语证据的消息来源是专家知识（public knowledge）。"据了解"属于模糊的信息来源，言语证据传信性不高，需要通过非直接的方式进行验证。"《中国环境电器消费调查与发展前景分析报告》显示"代表言语证据信息来源于权威数据报告，依据 Bednarek（2006a）划分的四种言语证据知识类型，属于"证明"（proof），可信度相对较高。在言语证据的可信度方面，"复旦大学光科学与工程系教授陈良尧建议"带有专家知识的色彩，可信度相对高，"果壳网网友"则更接近于传闻，可信度较低，有待语篇理解者判断和推断。

从认知识解的角度来说，本例体现的是范畴化。语篇生成者运用言语证据的不同信息来源，为语篇理解者建构了一个理解范畴。通过对不同消息来源的范畴化表达，使语篇理解者在概念化的过程中，对信息来源形成不同的理解框架，按照语篇生成者的意图，理解语篇及其隐性话语。

同样，我们分析一个意大利语的语料，例如：

例 104

Secondo i dati del Ministero dell' Ambiente cinese, Zhengzhou fa parte delle terribili quattro città più inquinate di Cina, insieme con Handan, Baoding e Shijiazhuang. Ma anche Pechino è stata considerata <u>da diversi studi</u> 《ai limiti dell' inabilità per l' uomo》, tanto che a fine febbraio, per protesta, anche le statue della città sono state dotate di mascherina.

（参考译文：根据中国环境部的数据显示，郑州和保定、邯郸、石家庄一起是中国污染最严重的四座城市。然而北京被很多研究机构誉为"不适合人类居住的城市"，在 2 月末，北京城里随处可见口罩。）（摘自《晚邮报》，2014 年 4 月 1 日）

从微观话语策略的角度来说，本例语篇生成者运用了合理策略中信息来源的传信性表达。依据 Bednarek（2006a）划分的四类言语证据类型，"Secondo i dati del Ministero dell' Ambiente cincsc"（根据《中国环境报》的数据）属性是证明（proof），需要从结果和推理中得出间接证据，但发布机构较为权威，因此传信度等级较高。"da diversi studi"（据不同研究显示）也属于证明（proof）类的间接言语证据，但由于发布机构不明确，因此传信度等级较低。

本例可以运用范畴化对合理策略中的传信性进行识解。语篇生成者通过对不同言语证据的来源的范畴化表达，使语篇理解者在概念化的过程中，按照语篇生成者的意图，更清晰地对信息来源的传信性程度高低形成理解。

5.3　认知机制与话语策略互动模型

本章第一节详细介绍了认知机制与话语策略的关系。两者之间是互补关系，是一种理论基础与应用实践的关系。其学科理论背景是批评认知语言学。批评认知语言学主要是关于认知语言学与批评话语分析的融合。认知语言学与 CDA 在理论建构和应用分析上具有一定的互补性（张辉、江龙，2008）。一些 CDA 研究领域的知名学者，如 O'Halloran（2003）、Wodak（2006）、van Dijk（2007）纷纷指出 CDA 的研究需要认知的介入，提出社会和认知的方法对于 CDA 研究非常有用，是 CDA 未来发展的方向之一，话语结构和社会机构之间是通过社会认知再起作用。而认知语言学与 CDA 融合的表现就是话语策略与认知机制的关系。

CDA 的主要目的是实现强制（coercion）和操纵（manipulation），而两者之间还是有区别的。强制目的多指背景上的，偏重认知机制；而操纵目的多指具体操纵层面，偏重话语策略。我们在第三章探讨了环境新闻语篇分析的认知基础，重点分析了隐喻、转喻和概念整合等识解操作。第四章介绍和讨论了具体的话语策略。本章前文在对认知机制和话语策略关系分析的基础上，区分了微观话语策略和宏观话语策略。有鉴于此，我们构建了认知机制与话语策略互动的模型，如图 32 所示。

理论背景：批评认知语言学

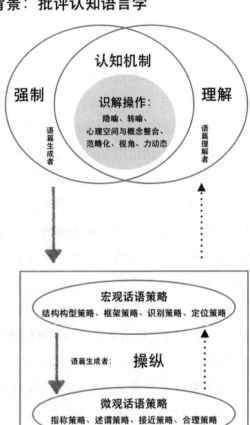

图 32　新闻语篇认知机制与话语策略的互动模型

　　上图中，认知机制和话语策略的学科理论背景是批评认知语言学，而批评认知语言学的目的又分为两种，一是强制目的，二是操纵目的。强制和操纵都是从语篇生成者角度来说的，其中强制目的是隐性的，多体现在认知机制上；而操纵目的是显性的，多体现在具体的话语策略中。认知机制既属于语篇生成者实现强制的方法，同时也是语篇理解者解读认知机制的重要环节。因此，体现在模型中认知机制是语篇生成者的强制与语篇理解者的理解之间的交集。对认知机制的解读可以更好地理解话语策略,解读的具体途径是从认知语言学的不同理论视角对识解操作进行阐释。换言之,在不同的理论视角下,识解操作具体反映在隐喻、转喻、概念整合、范畴化、视角、力动态、观察点、详细度等。

识解操作是认知机制解读的具体内容,而话语策略是实现操纵目的的具体途径。本文认为话语策又可以分为两种,一种是宏观话语策略,另一种是微观话语策略。宏观话语策略介于识解操作与微观话语策略之间,其目的主要是从宏观上识别认知机制的主要内容和框架。如 Hart(2014)提出的结构构型策略、框架策略、定位策略和识别策略。这些宏观策略就像在素描中,我们需要椎体、柱体或人物像的主体轮廓,然后再进行细节填充,这些主体轮廓就是宏观策略,而那些细节填充就是微观话语策略。例如框架策略是 Hart 在 Fillmore 框架语义学基础上提出来的。从批评的角度看,语篇框架中任何一个要素被引入,都会激活框架中的剩余部分(Fillmore,1982:111)。在框架策略中,说话人能够将凸显的知识概念化,特定的知识领域可及,进而形成一种推理模式(Hart,2014b:174)。Hart 认为框架策略包括两个基本内容,一是范畴化(categorization),二是隐喻化(metaphorization)。范畴化的主要作用是分类,即通过关键词将要概念化的对象进行分类,使语篇理解者按照语篇生成者的意图,通过关键词将整个认知域激活。由此可见,框架策略主要是让语篇理解者对整体的认知机制有个初步了解,形成一个框架式的概念结构,从而可以了解和揣摩语篇生成者的话语意图。

微观话语策略是宏观话语策略的发展和延续,是识解操作和宏观话语策略实现的具体方法和途径。这些话语策略可以包括指称策略、述谓策略、接近策略和合理策略(Hart,2010)等。以指称策略为例，指称策略是偏见交际（communication of prejudice）中的最基本策略（Resigl and Wodak，2001；Wodak，2001）。该策略通过对组群内和组群外的划分来探讨人类对同盟组群（coalitional group）进行范畴化的能力（Hart，2010：49）。指称策略通常以明确（explicit）和指示（deictic）的名词词组形式存在（Hart，2010：56 – 57）。Hart（2010）主要应用指称策略中的国别化（nationalisation）、解空间化（de – spatialisation）、异化（dissimilation）和集体化（collectivisation）对移民语篇进行分析。本文第四章已经对这些内容进行了介绍，这里不再赘述。在指称策略具体的四个维度中，国别化、解空间化、异化和集体化的本质都是一种分类，其实是范畴化理论的具体实现，从话语策略角度探讨，就是框架理论在具体话语实践中的应用。模型中实线表示顺向推导关系，而虚线表示逆向反溯关系。以环境新闻语篇为例我们进行理论验证，例如：

例 105

Quel parmigiano fermo al semaforo. Nelle etichette, il rosso stoppai prodotti ricchi di sale, zuccheri e grassi. Con questa formula, da Londra alla Scandinavia, viene bocciata la Dieta Mediterranea（5 maggio, 2015, numero 20, Corriere della Sera）.

（参考译文：帕尔马奶酪公司止步于十字路口。仅凭借其产品标签上写着富含"盐分、糖和脂肪"这一条罪名，地中海饮食就已被从伦敦到斯堪的纳维亚半岛的国家拒之门外。）（摘自2015年5月20日，《晚邮报》）

在区分强制和操纵的背景下，本例的理论背景是范畴化，体现的宏观话语策略是框架策略，语篇生成者具体实施的微观话语策略是解空间化指称策略。从微观话语策略来说，例中下划线部分"Scandinavia"（斯堪的纳维亚半岛）、"La Dieta Mediterranea"（地中海的饮食）运用了解空间化的指称策略。地理空间名词"Scandina-via"指代斯堪的纳维亚半岛上的四个国家（挪威、瑞典、丹麦和芬兰）；"la Dieta Mediterranea"（地中海的饮食）指代意大利饮食。语篇生成者没有直接运用国别性的词（nationyms）来陈述，而是运用解空间化指称策略将其与其他国家和地区组群相分离，这种分类本质上是通过范畴化来实现的。通过范畴化对指称策略这一微观话语策略进行识解，可以使语篇理解者激活整个相关的认知域，进而更容易感知和理解语篇的隐性内容，即意大利饮食结构被北欧四国拒之门外这一新闻事实，将这一负面新闻表达得更为含蓄。因此从话语策略角度来说，本例是框架理论在具体话语实践中的应用。

本节构建的语篇认知机制与话语策略的互动模型有以下主要特点。

首先，区分了 CDA 研究的两个主要目的，即强制和操纵，两者本质上是有区别的，一个侧重背景理论层面，而另一个偏向具体实践层面。

其次，分清了认知机制与识解操作、宏观话语策略与微观话语策略的关系，以及认知机制与话语策略之间的关系。识解操作是认知机制的主要内容；宏观策略是框架，微观策略是具体实施的细节；认知机制与话语策略是理论与实践的关系，宏观策略在认知机制和微观策略之间起衔接和过渡的作用，承上启下。

最后，本模型的理论背景是批评认知语言学，模型的建构再次印证了批评话语分析与认知语言学融合的可能性和必要性。作为当今语言学流派中发展迅速的两个流派，认知语言学和批评话语分析都具有各自的理论特色，二者之间具有较强的互补性。一方面，CDA 可以促使认知语言学更多关注社会问题；另一方面，认知语言学可以为 CDA 的研究拓宽思路，提供更多的认知工具和解释方法。

例如通过隐喻、转喻、心理空间和概念整合、前景和背景、视角、注意力和范畴等理论视角进行研究的方法。

5.4 小结与启示

本章是本文的核心章节，在第三章认知机制解读和第四章微观批评认知语言学视角下的话语策略研究的基础上，阐述了认知机制和话语策略的关系，进而构建了认知机制与话语策略的互动模型。最后应用该模型以认知机制中的范畴化识解操作、宏观话语策略中的框架理论和微观话语策略中的指称策略为个案，结合环境新闻语篇语料，应用和验证了该模型的解释力。

6　研究结论

　　随着批评话语分析研究的深入，其跨学科的研究性质日益凸显，研究的内涵和外延不断扩大，涵盖语言与权力、意识形态、认同关系等研究话题，学科属性涉及语篇分析、社会语言学、语言社会学等不同学科，CDA 研究也逐渐扩展到批评话语研究（Critical Discourse Study，以下简称 CDS）。目前 CDS 的研究方法和视角也日益多样化，如认知语言学、语用学、语料库语言学、进化心理学、民族志研究（Ethnography study）等研究路径。对认知语言学的研究路径来说 CDS 研究的核心问题之一是强制（coercion），而语篇生成者为了达到强制目的，会采取各种话语策略，话语策略可以显化为不同的操作手段，而这些话语策略的实施必然会涉及语言的认知和理解过程，这个过程往往被概念化。因此，批评认知视角下的语篇分析应该强调认知机制与话语策略，并探讨两者之间的关系，从而更好地为 CDA 的研究目标服务，即揭示语言、权力与意识形态之间的关系。

6.1　研究内容与发现

　　本研究尝试性地在批评认知视阈下，采用认知语言学和话语分析的研究方法，将认知语言学中的一些基本观点和理论假设运用于语篇的个案分析，对环境新闻语篇的认知机制和话语策略进行解读，揭示隐藏在话语背后的意识形态意义。在认知机制方面，本文突出概念化的解析，从概念隐喻、概念转喻和心理空间与概念整合三个不同的认知维度研究话语背后隐性话语。在话语策略方面本文区分了宏观策略与微观策略的关系，阐述了认知机制与话语策略之间的关系，重点从微观的批评认知语言学视角，依据 Hart（2010）归纳的指称策略、述谓策略、接近策略和合理策略四个话语策略展开分析。在此基础上对语篇认知机制和话语策略之间深层次的关系做出解释。本文希望证明批评认知语言学理论在分析新闻语篇中的价值，在 Hart 等学者的研究模型基础上做修补，建构出认知机制与话语策略的互动关系模型。

　　本文研究了以下几个问题：（1）环境新闻语篇的认知机制是什么？如何运用认知语言学的基本理论和假设解释语篇的认知机制？（2）语篇生成者在语篇中采用了哪些主要的话语策略方式，如何区分这些话语策略，如何应用话语策略达到语篇目的，实现权力和表达主要意识形态的？（3）环境新闻语篇中认知机制与话语策略之间的关系是什么？（4）如何构建认知机制与话语策略互动的语篇分析模型？（5）环境新闻语篇分析的意义是什么？最新研究成果和发展趋势是什么？

以下是对这五个研究问题的结论：

（1）环境新闻语篇的认知机制是什么？如何运用认知语言学的基本理论和假设解释语篇的认知机制？

通过对语料的整理和分析，本文从批评认知语言学的视角探讨环境新闻语篇（EDA）的认知机制，通过对汉语、意大利语语料的微观和个案分析，分别从概念转喻、概念隐喻、隐转喻、概念整合四个维度归纳出环境语篇的认知机制。

第一，通过语料分析，本文归纳出 EDA 的概念转喻认知机制。在环境新闻语篇分析中主要存在两大转喻类型，第一类是"部分—整体""整体—部分"的转喻认知模式。这一类别又包括"一个范畴代替一个范畴中的成员"的转喻关系类型。第二类是"部分代替部分"的转喻认知模式。这一类别又包括"范畴与其特征之间关系"的转喻类型。由于转喻建立在源域和目标域的邻近性关系基础上，因此在语料个案分析时，本文通过标注、确认语料中发生的转喻关系，运用转喻关系类型及子类进行认知解读，从批评认知的角度分析语篇生成者想要达到的语篇目的。

第二，本文归纳了 EDA 的隐转喻认知机制。在明确隐喻和转喻之间关系是密不可分的前提下，依据隐喻和转喻的互动关系，从汉语、意大利语的语料中分别提取出三类隐转喻关系类型。一是隐喻中的转喻。研究首先标注、确认语料中出现的隐喻映射关系，再对隐喻中存在的转喻现象进行描述，进而分析隐转喻如何在语篇中表达语篇生成者的意识形态。二是来自转喻的隐喻。研究发现环境新闻语篇中经常出现这一隐转喻类型。转喻的映射发生使得整个语言表达的字面义发生了隐喻的变化。通过对语料中出现的转喻关系进行确认，再对转喻中出现的凸显的认知参照点进行描述，从而找到隐喻关系。语料中出现的第三类隐转喻关系是基于转喻的隐喻。这部分研究主要通过标注语料中出现的转喻关系，再对衍生的隐喻关系加以确认。通过判断转喻和隐喻的形成是否依据人自身的体验，来区分隐转喻关系中第二类和第三类的界限。如果转喻中出现的隐喻现象不是从人自身体验中获得，就属于基于转喻的隐喻。反之，就属于来自转喻的隐喻。综上，语篇中隐转喻的使用和从语篇理解者角度进行解读可以凸显语篇效果。转喻思维可以提高语言在交际中的效率。

第三，通过语料分析本文归纳出 EDA 的概念隐喻认知机制。隐喻基于相似性，隐喻的基本类型主要包括实体隐喻、方位隐喻和结构隐喻。在明确隐喻类型划分的基础上，研究首先对汉语、意大利语语料中的隐喻类型进行识别。然后对语料中出现的隐喻关系进行描写。最后分析语篇生成者对该事件的态度，从整体上揭示隐喻在语篇中的认知机制。本文第三章基于语料分析，共提取六个实体隐喻的子类，分别是：人的隐喻、火的隐喻、战争隐喻、水的隐喻、容器隐喻和颜色隐喻。通过对隐喻生成机制的分析和理解，使语篇理解者更好地理解语篇生成者所要传达的意识形态意义。

第四，本文运用概念整合理论视角对 EDA 语料进行分析。研究发现大部分出现隐喻现象的语料都可以从概念整合角度加以阐释。因为概念隐喻与概念整合两个理论视角都涉及两个域之间的映射关系，因此既可以用隐喻理论去解释，也可以通过概念整合理论解释。通过概念整合的分析，凸显了认知语言学的不同理论视角对 EDA 新闻语篇的解释力。

综上所述，本文通过概念转喻、隐转喻、概念隐喻和概念整合四个"概念化"理论视角解释了环境新闻语篇的认知机制。通过对认知机制的解读，更清晰地展现语篇是如何被语篇生成者进行概念化的，也使语篇理解者更好地理解其概念化的机制和过程是如何构造的。这一部分是本文对环境新闻语篇的研究基础，只有首先从语料出发，明确语篇的认知机制，才能更好地理解语篇的话语策略。

（2）语篇生成者在语篇中采用了哪些主要的话语策略方式，如何区分这些话语策略，如何应用话语策略达到语篇目的，实现权力和表达主要意识形态的？

CDA 的终极目标是实现对语篇的强制和操纵，语篇生成者需要通过不同话语策略来实现语篇目的，因此话语策略是实现 CDA 目标的方法和手段，不同的话语策略可以把隐含的认知机制包装起来。本文认为在微观批评认知语言学视角下，话语策略有宏观和微观之分。本文重点探讨了微观话语策略。主要依据 Hart（2010）提出的四个话语策略，解析环境新闻语篇。这四个话语策略分别是：指称策略、述谓策略、接近策略和合理策略。

第一，在环境新闻语篇中，语篇生成者经常运用指称策略，具体包括国别化（nationalisation）、解空间化（de‐spatialisation）和集体化（collectivisation）三个子类。很多语篇通过一些明确（explicit）和指示（deictic）的名词词组形式区分组群内与组群外。如，国别化策略运用国别性的词来区分组群内和组群外。从语篇的认知机制来说，常常与转喻现象相联系。而解空间化策略通过地理性的或隐喻性空间词来区分组群，从语篇的认知机制来说，常常与隐喻现象相联系。通过指称策略可以更好地理解语篇中蕴含的隐性话语，展现语篇生成者的意识。

第二，环境新闻语篇中存在大量述谓策略的使用。语篇生成者运用语言手段将某种质、数、时间和空间等属性赋予人、物体和事件。通过句法、语义和语用资源等形式实现述谓策略，该实现过程既可以是显性的，也可以是隐性的。通过对汉意语料的案例分析，本文阐释了述谓策略的含义和实现方式，并尝试性地归纳出意大利语环境新闻语篇中的几种惯用语句。语篇生成者通过不同语言结构的使用，加强语篇理解者对事件或事件主体的认知理解，以达到语篇目的。

第三，本文探讨了微观话语策略中的接近策略。通过语料分析，研究发现该策略所包含的时间和空间上的接近本身并不会构成话语策略。只有当时间或空间上的接近造成了外部指示中心元素（ODCs）对内部指示中心元素（IDCs）的威胁时，才构成话语策略。接近策略强化了述谓策略对引导语篇理解者产生共鸣的情感效应，有助于实现语篇生成者对语篇的操纵。

第四，本文探讨了合理策略。通过语料分析归纳出合理策略在语篇中的两种实现途径，即语篇的内部连贯和外部连贯。内部连贯常用衔接手段表达，运用逻辑连接词加强语篇的说服性。而外部连贯主要通过传信性（evidentiality）和认识模态（epistemic modality）来实现。本文基于语料分析尝试性地归纳出两类认识情态的实现途径，即情态动词和情态话语标记。认识情态并非与现实世界的事件和场景直接对接，而是语篇生成者对话语中呈现的事件和场景的一种态度，是其主观世界的一种判断。在传信性方面，本文尝试识别了环境新闻语篇中言语证据的来源，确认言语证据的类别属性划分。本文语料中出现的言语证据来源、信息发布渠道、发布机构的权威程度、信息可靠程度等因素进行分析，以确认言语证据的传信性的等级。信息来源等级越高，传信性越高；来源等级越低，传信性越低。所谓等级高低是指传信的可靠性和把握性的程度，从完全有把握（certain）到部分有把握（probable），再到没把握（possible）的程度过程。此外，本文还尝试识别了环境新闻语篇中言语证据的知识类型。主要依据 Bednarek（2006a）归纳的四种言语证据、Hart（2001）进行的增补以及 Bednarek（2006b）提出的来源标签将语篇中出现的言语证据从知识类型角度进行划分，并进行解释。

（3）环境新闻语篇中认知机制与话语策略之间的关系是什么？

在深入分析了环境新闻的认知机制与话语策略的基础上，本文解释了两者之间深层次的关系。在认知机制方面，本文主要从概念隐喻、概念转喻、概念整合三个不同理论视角对语料展开分析。通过认知语言学途径解释语篇的认知机制，更清晰地展现语篇是如何被语篇生成者进行概念化的，进而为语篇生成者是如何利用话语策略达到强制和语篇操纵目的，提供理论基础和认知依据。

在话语策略层面，本文主要聚焦微观的批评认知语言学视角。目前学术界一般认为批评认知语言学研究有宏观和微观之分，宏观方面主要依据是以 van Dijk 为代表的社会认知模式，微观方面是以 Hart 为代表的研究。本文认为在微观的批评认知语言学视阈下，话语策略应分为宏观策略和微观策略。其中宏观话语策略是从批评认知的角度从宏观上解释语篇的认知机制，主要依据 Hart（2014b）提出的几种话语策略及其识解解读，本文重点解释了框架策略。框架策略的本质是通过使语篇理解者对语篇表达中最凸显的部分进行概念化，从而激活对整体语篇的理解，最终使语篇理解者按照语篇生成者的意图更好地理解语篇的隐性话语和意识形态意义。而微观话语策略，指具体的话语实践中，语篇生成者用来实现不同意识形态目的所采取的微观策略，本文依据 Hart（2010）提出的话语策略，结合语料分析主要探讨了指称策略、述谓策略、接近策略和合理策略。

在语篇认知机制与话语策略之间的互动关系方面，本文认为两者之间是相辅相成的关系，是理论基础与应用实践之间的关系。一方面，语篇的认知机制既是语篇生成者实现强制的方法，同时也是语篇理解者理解语篇背后隐性话语的途径。从语篇生成者的角度来说，为达到语篇强制的目的，可以采用不同的语言手段，如隐喻、转喻、概念整合等认知机制去解读。从语篇理解者的角度来说，通过对语篇认知机制的解读，有利于语篇理解者更好地解读话语策略中蕴含的隐性话语，理解语篇生成者想要实现的话语目的。另一方面，话语策略建立在认知机制的基础之上。识解操作可以解构不同话语策略，例如运用范畴化、概念化的理论对不同话语策略进行识解操作和认知解读。对话语策略的认知解读可以更好地解析话语策略的表达方式、隐含的话语功能和意识形态效应，了解语篇、社会和语篇制造者之间的关系。因此，解读语篇的认知机制是揭示语篇生成者与语篇理解者之间关系的重要途径。话语策略建立在认知机制基础之上，两者之间是相辅相成的关系，是理论与实践之间的关系。

（4）如何构建认知机制与话语策略互动的语篇分析模型？

批评认知语言学主要是认知语言学和批评话语分析的融合。一些CDA 研究领域的知名学者纷纷指出 CDA 的研究需要认知的介入。如O'Halloran（2003）、Wodak（2006）、van Dijk（2007）都指出社会和认知的方法对于 CDA 研究非常有用，是 CDA 未来发展的方向之一。从这个角度来说，认知机制与话语策略之间的互补关系印证了 CDA 融入认知视角的必要性。本文对话语策略和认知机制关系分析的基础上，区分了微观话语策略和宏观话语策略。有鉴于此，我们构建了话语策略与认知机制互动的模型，这也是本研究最大的创新之处。

在模型中，（一）区分了批评认知语言学两大目的，强制与操纵。强制目的是隐性的，大多通过认知机制来实现，而解读认知机制的具体途径是识解操作。识解操作具体反映在概念隐喻、转喻、概念整合等。而操纵目的是显性的，多体现在具体的话语策略中，换言之，话语策略是实现操纵目的的具体途径。（二）区分了话语策略的层级。本文认为话语策略分为宏观和微观。宏观话语策略介于识解操作与微观话语策略之间，目的主要是从宏观上识别认知机制的主要内容和框架。本文主要介绍了 Hart（2014）提出的框架策略。在框架策略中，说话人能够将凸显的知识概念化，特定的知识领域可及，进而形成一种推理模式（Hart，2014b：174）。Hart 认为框架策略包括两个基本内容，一是范畴化，二是隐喻化（metaphorization）。本文通过对环境新闻语篇的分析，归纳出框架策略的两个内容：范畴化和概念化。这是在 Hart 提出宏观话语策略基础上的一点小的修补。在微观话语策略中，本文主要探讨了指称策略、述谓策略、接近策略和合理策略（Hart 2010）。微观话语策略是宏观话语策略的发展和延续，是识解操作和宏观话语策略实现的具体方法和途径。（三）模型体现了宏观策略、微观策略与认知机制相结合的理论建构。宏观策略是框架，微观策略是具体实施的细节；认知机制与话语策略是理论与实践的关系，是互补关系。宏观策略在认知机制和微观策略之间起衔接和过度的作用，承上启下。最后，本模型的理论背景是批评认知语言学，模型的建构再次印证了批评话语分析与认知语言学融合的可能性和必要性。

（5）环境新闻语篇分析的意义是什么？最新研究成果和发展趋势是什么？

从语篇的类型来说，以往 CDA 视角的语篇研究主要聚焦在大众语篇和官方话语，对社会语篇重视不够。近年来 CDA 拓宽研究视野，延伸至一些重要的话题研究。社会语篇关注社会中凸显的社会问题，社会语篇依据主题不同又包括移民语篇、女性语篇、健康与疾病语篇、环境语篇等。Hart（2014）认为，CDA 研究语篇与社会行为（social action）之间的关系，具体通过不同语篇主题来表达，如移民（immigration）、性别（gender）、战争（war）、犯罪（crime）、教育（education）和环境（environment）主题。本文研究的是新闻语篇中的环境语篇，即环境新闻语篇（Environmental Discourse）。作为新闻语篇的一个次语类，环境语篇关注的是社会中的环境与生态问题。环境语篇分析（EDA）是致力于环境问题语篇的语言学研究，其存在的意义在于解释生态意识如何通过语言结构来实现对社会的某种操纵和控制。

通过梳理文献，我们发现国内外学术界关于环境语篇的研究呈现出交叉学科的研究态势。以环境话语作为研究对象的课题融入了语言学、传播学、政治生态学、环境保护等学科知识。目前国际上对环境语篇的研究主要呈现出两个视角，一是从生态批评语言学视角展开研究，另一个是从 CDA 视角下研究环境语篇。本文是基于 CDA 与认知语言学相融合的研究视角，对环境新闻语篇分析的一次尝试。从研究发展趋势来说，国内外很多学者主张 CDA 引入认知视角，从而形成了批评认知视角下的语篇研究途径。目前国内对环境语篇的研究大多基于多学科理论的，语言学者运用 CDA 研究语篇大多集中在政治语篇、经济语篇、英语新闻语篇等，对社会语篇中的环境语篇鲜有涉及，专门从批评认知视角研究环境新闻语篇的论述没有发现。因此，基于批评认知视角对环境新闻语篇进行分析，符合语篇研究的最新发展趋势。本文研究的结论和构建的语篇分析模型也将适用于环境新闻语篇之外的其他新语篇。

6.2 研究创新之处

本文拟创新之处主要体现在以下三个方面。（一）本文区分了批评话语研究的两个核心问题，即强制（coercion）和操纵（manipulation)。语篇生成者为达到强制和语言操纵的目的，会采取各种话语策略。然而强制和操纵是有明显区别的，强制是隐性的，主要偏重理论层面的，可以通过认知机制来实现；操纵是显性的，具体体现在话语策略的实施层面，不同话语策略的使用可以实现操纵。（二）在话语策略解读方面，本文认为微观的批评认知语言学视阈下，话语策略应分为宏观话语策略和微观话语策略。其中宏观话语策略是介于识解操作与微观话语策略之间的。微观话语策略包括指称策略、述谓策略、接近策略和合理策略。（三）在认知机制与话语策略之间互动关系方面，本文通过语料分析，认为话语策略与认知机制之间是相辅相成的关系，是理论基础与应用实践之间的关系。认知机制的解读可以更好地理解话语策略，而话语策略也是建立在认知机制的基础之上。本文依据这一互动关系构建了认知机制与话语策略互动模型，这也是本文最大的创新之处。

6.3 本研究对新闻语篇分析的启示

从批评认知的视角对新闻语篇进行研究具有重要意义。一方面，将批评认知语言学理论用于新闻语篇分析，将为解读新闻语篇背后的隐性话语和意识形态意义提供新的视角。另一方面，作为媒体语篇的一种，新闻语篇包含的主题非常复杂，以往 CDA 研究的媒体语篇主要聚焦在政治语篇，忽视了移民语篇、健康和疾病语篇、环境语篇等社会语篇。本文研究对象选取了环境新闻语篇，在 CDA 的研究对象方面进行了拓展。在语料选取方面，研究选用了汉语和意大利语两种语言，旨在为批评认知视角下的语篇分析提供多语言佐证。

研究的结论和研究所构建的批评认知视角下的新闻语篇分析模型也将适用于除汉语、意大利语以外的其他语种，也将适用于其他类型的新闻语篇，因为新闻语篇都涉及语篇生成者的操纵和强制目的，也都涉及语篇理解者的认知理解。另一方面，本文进一步验证了认知语言学的解释力。认知语言学的研究方法和具体的识解操作方式为 CDA 研究提供了新的路径，彰显了其解释力，也发现了其理论不足之处。

6.4　本研究的局限性

本文基于 CDA 与认知语言学相结合的研究框架，从批评认知的角度对环境新闻语篇的认知机制和话语策略进行研究，尝试对新闻语篇认知机制与话语策略的互动关系模型提出构想。本研究的局限性体现在以下三个方面：

第一，本文研究的语料局限在汉语和意大利语的环境新闻语篇中，语料来源于中国和意大利两国的官方纸媒，不能完全反映出环境新闻语篇的全貌。由于语料分析主要用于语篇的认知机制的解读和话语策略的应用，因此没有凸显汉语和意大利语在语篇结构、语言表达、话语策略等方面的对比。

第二，在认知机制与话语策略之间互动关系方面，本文主要从概念化和范畴化的角度对不同话语策略进行认知识解，没有关注认知语言学中的其他识解理论，如图形/背景（figure）、注意（atten-tion）和视角（perspective）等。因此在新闻语篇的认知机制方面无法做全面的研究。

第三，本文在阐述环境新闻语篇认知机制与话语策略之间相互关系的基础上,构建了批评认知视角下的宏观策略、微观策略与认知机制相结合的理论建构模式。由于本文从批评认知的视角对环境新闻语篇这一语类展开研究,是一次应用性尝试,属于阶段性研究。因此没有进行其他语种的适用性分析,来验证此理论建构在其他语言的可行性和实践效果。

第四,认知语言学研究本身存在不足,例如认知语言学的研究方法,主观性太强,缺乏翔实的语料基础和论证。虽然金无足赤,但这也是本研究理论上的缺陷之一。

6.5　未来研究建议

本文是运用批评认知语言学理论研究环境新闻语篇的一次尝试,局部地反映了批评认知语言学对不同语篇的解释力。研究通过对环境新闻语篇的批评认知解读,从语篇的认知机制和话语策略两个层面展开分析。在阐述两者之间互动关系的基础上,在微观的批评认知语言学视角下,建构起认知机制与话语策略互动关系模型,体现出宏观策略、微观策略与认知机制相结合的理论建构模式。这一研究结论属于阶段性研究成果,未来还有很多进一步研究的空间。

第一,在认知语言学理论与 CDA 融合方面,回顾本文的研究,批评认知语言学为 CDA 的多学科、多视角的研究提供了新的路径和方法。依据批评认知语言学理论研究环境新闻语篇将为语篇研究注入新的活力。目前,运用批评认知视角研究语篇大多从隐喻、转喻、范畴化等理论视角出发,没有覆盖认知语言学的其他识解理论。如何在未来的研究中继续推动 CDA 的认知视角研究,将更多识解操作，如从比较（comparison）、注意（attention）和视角（perspec-tive）、图式化、范畴化、隐喻、图形/背景（figure）等识解操作进行研究，使认知语言学研究为 CDA 分析提供一个相对连贯、系统的理论构架，构建起批评认知视角对语篇分析的全貌，是未来需要逐步进行研究的。

第二，在语言例证方面，本文选取了汉语和意大利语的环境新闻语料，旨在验证批评认知语言学对不同语篇的解释力。本文主要结合语料分析突出语篇认知机制和话语策略之间关系的构建，在汉语和意大利语语料的对比方面还有待进一步研究。在跨语言研究层面，未来有待于从批评认知的视角，对不同语种的语篇展开比较研究，为批评认知语言学的语篇研究提供更多的语言佐证。此外，希望在未来研究中构建意大利语和汉语的环境新闻语篇小型语料库。

第三，CDA 呈现出动态发展的趋势，过去 CDA 的研究学者们在该领域已做出了巨大成绩。我们今天需要整合研究趋势，新的研究学者应引领 CDA 的研究方向。未来的 CDA 的研究可以有两个发展动向：（一）在研究方法方面继续创新。CDA 的跨学科属性，以及多元化的发展趋势越来越明显。因此很多学者尝试运用新的研究方法进行 CDA 研究，例如将语料库语言学、进化心理学、民族志视角、认知语用学视角融入 CDA 的研究；Hart（2011）、（2013）、Chilton 和 O'Halloran 等学者尝试从认知语言学视角研究语篇。这些研究都丰富了 CDA 的研究空间。（二）在研究对象方面，CDA 研究的触角可以进一步延展。由于 CDA 关注政治语篇和社会语篇，因此，CDA 的研究必然受政治、经济、环境、文化等因素影响。通过CDA 研究当今政治、社会、农业、文化、环境等问题，可以更好地体现 CDA 的研究潜质。我们相信，在全球化的背景下 CDA 未来的研究将更加丰富多彩。

参考文献

1. 陈莉霞，凌燕. 大学英语课堂学生话轮沉默的认知语用多角度分析 [J]. 西安工程大学学报，2012（2）：271 - 274.

2. 陈鹤三. 再论批评话语分析的认知层面 [J]. 外语研究，2011（4）：23 - 29.

3. 陈向明. 质的研究方法与社会科学研究 [M]. 北京：教育科学出版社，2000.

4. 邓丽君，荣晶. 批判语言学中的隐喻 [J]. 云南师范大学学报，2004（3）：60 - 63.

5. 丁建新，泰勇. 社会认知批评话语分析中的非政治化和突生结构——以龙卷风 Sandy 新闻报道为例 [J]. 外语研究，2013（2）：8 - 13.

6. 冯·戴伊克. 从语篇语法到批评性话语分析——简要的学术自传（高彦梅译）[J]. 语言学研究，2004（4）：189 - 207.

7. 冯军伟. 认识情态与传信情态 [J]. 云南师范大学学报（对外汉语教学与研究版），2012（4）：43 - 47.

8. 范俊军. 生态语言学述评 [J]. 外语教学与研究，2005（2）：110 - 115.

9. 胡壮麟，朱永生. 系统功能语言学概论 [M]. 北京大学出版社，2005.

10. 黄知常. 语用生态文明意义初探 [J]. 南华大学学报（社会科学版），2002（2）：63 - 67.

11. 黄知常，舒解生. 生态语言学：语言学研究的新视角 [J]. 南华大学学报社会科学版，2004（2）：68 - 72.

12. 黄国文，徐珺. 语篇分析与话语分析 [J]. 外语与外语教学，2006（10）：1 - 6.

196

13. 黄国文. 生态语言学的兴起与发展 [J]. 中国外语, 2016 (1): 9-12.

14. 洪艳青, 张辉. 认知语言学与意识形态研究 [J]. 外语与外语教学, 2002 (2): 5-9.

15. 纪玉华, 陈燕. 批评话语分析的新方法: 批评隐喻分析 [J]. 厦门大学学报 (哲学社会科学版), 2007 (6): 42-48.

16. 李克. 批评转喻分析模式初探 [J]. 当代修辞学, 2011 (4): 78-84.

17. 李福印. 认知语言学概论 [M]. 北京大学出版社, 2008.

18. 陆俭明. 汉语语法语义研究新探索 (2000-2010 演讲集) [M]. 商务印书馆, 2010.

19. 苗兴伟. 语篇分析的进展与前沿 [J]. 外语学刊, 2006 (1): 44-49.

20. 钱毓芳, 田海龙. 话语与中国社会变迁: 以政府工作报告为例 [J]. 外语与外语教学, 2011 (3): 40-43.

21. 钱毓芳. Discursive Constructions around Terrorism in the People's Daily and The Sun before and after 9.11 [D]. Lancaster: Lancaster University. 2008

22. 束定芳. 隐喻学研究 [M]. 上海: 上海外语教育出版社, 2000.

23. 束定芳. 论隐喻的认知功能 [J]. 外语研究, 2011 (2) .45-57.

24. 束定芳. 论隐喻的运作机制 [J]. 外语教学与研究, 2002, (2): 98-106.

25. 束定芳. 认知语义学 [M]. 上海: 上海外语教育出版社, 2008.

26. 束定芳. 隐喻与转喻研究 [M]. 上海: 上海外语教育出版社, 2011.

27. 沈家煊 (译) (戴维. 克里斯特尔编). 现代语言学词典 (第四版) [M]. 北京: 商务印书馆, 2000.

28. 唐韧. 批评话语分析之认知语言学途径: 以英国媒体移民话语为例 [J]. 外语研究, 2014. (6): 18-22.

29. 田海龙. 认知取向的批评话语分析: 两种路径及其特征 [J]. 外语研究, 2013, (2): 1-7.

30. 田海龙. 批评话语分析的社会语言学学科属性 [J]. 中国社会语言学, 2012a (1): 107-116.

31. 田海龙. 语篇研究: 范畴、视角、方法 [M]. 上海: 上海外语教育出版社, 2009.

32. 田海龙. 语篇研究的批评视角 [J]. 外语教学与研究, 2008 (5): 339-344.

33. 田海龙, 陈洁. 征求意见中的话语策略: 一则"征求意见稿"批评话语分析的启示 [J]. 当代中国话语研究, 2012, (4): 8-16.

34. 田海龙. 话语功能性与当代中国新话语 [J]. 广东外语外贸大学学报, 2012b (6): 8-11.

35. 唐青叶, 语篇语言学 [M]. 上海大学出版社, 2009.

36. 辛斌. 批评语言学: 理论及应用 [M]. 上海: 上海外语教育出版社, 2005.

37. 辛斌. 英语语篇的批评性分析刍议 [J]. 四川外语学院学报, 1997 (4), 27.

38. 辛斌. 批评语言学与英语新闻语篇的批评性分析 [J]. 外语教学, 2000 (4), 15.

39. 辛斌. 批评语篇分析的社会和认知取向 [J]. 外语研究, 2007 (6): 19-20.

40. 徐赳赳. van Dijk 的话语观 [J]. 外语教学与研究, 2005 (5): 358-361.

41. 徐盛恒. 从心智到语言——心智哲学与语言研究的方法论问题 [J]. 当代外语, 2012 (4), 27-29.

42. 徐盛恒. 从心智到语言——心智哲学与语言研究的方法论问题 [J]. 当代外语, 2012 (4), 87-89.

43. 王文斌. 隐喻的认知构建与解读 [M]. 上海: 上海外语教育出版社, 2007.

44. 王晋军. 绿色语法与生态和谐 [J]. 华南理工大学学报社会科学版, 2006 (2): 57-60.

45. 王晋军. 生态语言学——语言学研究的新视域 [J]. 天津外国语学院学报, 2007 (1): 53-57.

46. 王寅. 认知语法概论 [M]. 上海外语教育出版社, 2006.

47. 王寅. 认知语言学 [M]. 上海外语教育出版社, 2007.

48. 汪徽, 张辉. 批评认知语言学的研究途径——兼评 van Dijk 的《话语与语境》和《社会与话语》[J]. 外语研究, 2014 (3): 45-48.

49. 武建国. 批评话语分析: 争议与讨论 [J]. 外语学刊, 2015 (2): 76-81.

50. 武建国，林金容．批评话语分析：诠释与思考［J］．现代外语，2015
（4）：555 – 564.

51. 张辉，杨波．心理空间与概念整合：理论发展及其应用［J］．解放军外国
语学院学报，2008，（1）：7 – 14.

52. 张辉，卢卫中．认知转喻［M］．上海：上海外语教育出版社，2010.

53. 张辉，江龙．试论认知语言学与批评话语分析的融合［J］．外语学刊，
2008（5）：12 – 19.

54. 张辉，张天伟．批评话语分析的认知转喻视角研究［J］．外国语文，2012
（3）：32 – 35.

55. 张天伟．认知转喻的研究路径：理论与应用［J］．外语教学，2011（3）：
14 – 18.

56. 张天伟，卢卫中．省略的认知转喻解读［J］．天津外国语大学学报，2012
（2）：23 – 24.

57. 张天伟．基于进化心理学的批评话语研究［J］．外语与外语教学，2016，
（待发）．

58. 朱建新．隐喻含义的认知阐释［J］．外语与外语教学，2009，（4）：18 – 21.

59. 朱新秤．《进化心理学》［M］．上海：上海教育出版社，2006.

60. 朱炜．试论隐喻的意识形态性［J］．南京社会科学，2010（7）：136 – 142.

61. 赵霞．论隐喻识解中认知语境的制约性［J］．外语与外语教学，2008
（9）：22 – 24.

62. 赵霞．基于意义进化理论的语法隐喻研究［J］．内蒙古大学学报：哲学社
会科学版，2012（4）：95 – 100.

63. 赵芃，田海龙．批评性语篇分析之批评：评介与讨论［J］．南京社会科
学，2008（8）：143 – 147.

64. 邹素．批评话语分析的认知研究模式探析［J］．齐齐哈尔师范高等专科学
校学报，2009（5）：51 – 52.

65. Bednarek, M. 2006a. Epistemological positioning and evidentiality in English news
discourse: A text – driven approach［J］. Text & Talk 26 (6)：635 – 660.

66. Bednarek, M. 2006b. Evaluation in media discourse: Analysis of a newspaper

corpus［M］. London: Continuum.

67. Cap, P. 2014. Applying cognitive pragmatics to critical discourse studies: A prox-imization analysis of three public space discourse［J］. Journal of pragmatics 70: 16 – 30.

68. Chilton, P. 2004. Analysing political discourse: Theory and practice［M］. London: Routledge.

69. Chilton, P. and G. Lakoff (1995). Foreign policy by metaphor. In C. Schäffnerand A. I. Wenden (eds), Language and peace［A］. Aldershot: Ashgate, 37 – 60.

70. Chilton, P. 2005a. Missing Links in Mainstream CDA: Modules, Blends and the critical Discourse Analysis［M］. Amsterdam: John Benjiamins.

71. Chilton, P. 2011. Language Structure and Geometry［M］. Cambrdige: Cambridge University Press.

72. Chilton, P. 2014. Language, Space and Mind［M］. Cambrdige: Cambridge University Press.

73. Chilton, P. , H, Tian &R. Wodak, 2012. Reflections on discourse and critique in China and the West［A］. In P. Chilton, H, Tian & Wodak (eds). Discourse and Socio – Political Transformations in Contemporary China［C］. Amsterdam: John Benjamins, 1 – 18.

74. Croft, W. and D. A. Cruse (2004). Cognitive linguistics［M］. Cambridge: Cambridge University Press.

75. Evans & Green. N. Cognitive Linguistics An Introduction［M］. Edinburgh university Press, 2006.

76. Fairclough, N. Language and Power［M］. London/ New York: Longman, 1989.

77. Fairclough, N. Discourse and Social Change［M］. Cambridge: Polity Press, 1992.

78. Fairclough, N. CDA: the Critical Study of Language［M］. Longman, 1995.

79. Fairclough, N. and R. Wodak (1997). Critical discourse analysis. In T. A. van Dijk (ed.), Discourse as social interaction. Discourse studies: A multidisciplinary intro-duction. Vol. 2［M］. London: Sage, 258 – 284.

80. Fairclough, N, 2001. Critical discourse analysis as a method in social scientific research［A］. In R. Wodak &Meyer (eds). Methods of Critical Discourse Analysis

［C］. London: Sage Publication, 121 – 138.

81. Fairclough, N. Analysizing Discourse ［M］. Routledge, 2003.

82. Fairclough, N. Discourse in Contemporary Social Change ［M］. Peter Lang Publishing Group, 2007.

83. Fauconnier, G. (1985) . Mental spaces: Aspects of meaning construction in naturallanguage ［M］. Cambridge: Cambridge University Press.

84. Fauconnier, G. (1994) . Mental spaces: Aspects of meaning construction in natural language. 2nd edn ［M］. Cambridge: Cambridge University Press.

85. Fauconnier, G. (1997) . Mappings in thought and language ［M］. Cambridge: CambridgeUniversity Press.

86. Fauconnier, G. (1999) . Methods and generalizations. In T. Janssen and G. Redeker (eds), Cognitive linguistics: Foundations, scope and methodology ［M］. Berlin: Mouton DeGruyter, 95 – 128.

87. Fauconnier, G. &M. Turner. 1996 Blending as a central process of grammar ［A］. InM. Adele Goldberg (ed.) Conceptual Structure, Discourse and Language ［C］. Stanford: CSLI Publications.

88. Fillmore, C. J. 1982. Frame semantics, In Linguistics in the morning calm, The Linguistic Society of Korea ed. Hanshin Publishing Co. Seoul, 111 – 137.

89. Fill, A. , 2001. Language and ecology. Ecolinguistic perspective for 2000 and beyond ［M］ D. Graddol Applied Linguistics for the 21st Century London Catchline.

90. Fowler, R. (1985) . Power. In T. A. Van Dijk (ed.), Handbook of discourse analysis. Vol. 4: Discourse analysis in society ［A］. Orlando: Academic Press, 61 – 82.

91. Fowler, R. Notes on critical linguistics ［A］. R. Steele& T. Threadgold. Language Topics: Essays in honour of Michael Halliday ［C］. Amsterdam/Philadelphia: John Benjamins, 1987.

92. Fowler, R. Critical linguistics ［A］. Malmkjoer, K. The Linguistics Encyclopedia ［M］. London: Routledge, 1991a.

93. Fowler, R. Language in the News: Discourse and Ideology in the Press ［M］. London/ New York: Routledge, 1991b.

94. Fowler, R. , Hodge, B. , Kress, G. &Trew, T. Language and Control [M] . London: Routledge and Kegan Paul, 1979.

95. Goatly. A (1996) Green grammar and grammatical metaphor, or language and the myth of power, or metaphors we die by [A] . Journal of Pragmaticas, 25 (4): 537 – 560.

96. Goatly, A (1997a) A response to Schleppegrell: What makes a grammar green [A] . Journal of Pragmaticas, 28 (2): 249 – 251.

97. Goatly, A (1997b) The language of Metaphors [M] . London: Routledge.

98. Goatly. A (2000) . Critical Reading and Writing: An Introductury Coursebool. London: Routledge.

99. Hagen, E. H. (2005) . Controversial issues in evolutionary psychology. In D. M. Buss (ed.), The handbook of evolutionary psychology. Hoboken, NJ: Wiley, 145 – 176.

100. Halliday, M. A. K. Language structure and language function [A] . J. Lyons. New Horizons in Linguistics [C] . Harmondsworth: Penguin, 1970.

101. Halliday, M. A. K. (1970) . (2002) . Modes of meaning and modes of expression: Types of grammatical structure and their determination by different semantic functions. In J. Webster (ed.), On grammar [M] . London: Continuum, 196 – 218.

102. Halliday, M. A. K. Language As Social Semiotic: The social interpretation of language and meaning [M] . London: Edward Arnold, 1978.

103. Hallidy, M&Hasan, R. Language, Context and Text [M] . Geelong, Victoria: Deakin University Press, 1985.

104. Halliday, M. A. K. and R. Hasan (1976) . Cohesion in English [M] . London: Longman.

105. Halliday, M. A. K. 1990. New ways of meaning: The challenge to applied linguistics [J] . Journal of Applied linguistics (6): 66 – 68.

106. Hart, C. (2005) . Analysing political discourse: Toward a cognitive approach [J] . Critical Discourse Studies 2 (2): 189 – 201.

107. Hart, C. (2007) . Critical discourse analysis and conceptualisation: Mental spaces, blended spaces and discourse spaces in the British National Party. In C. Hart & D. Lukeš (eds), Cognitive linguistics in critical discourse analysis: Application and theo-

ry [A] . Newcastle: Cambridge Scholars Press, 107 – 131.

108. Hart, C. (2008) . Critical discourse analysis and metaphor: Toward a theoreticalframework [J] . Critical Discourse Studies 5 (2): 91 – 106.

109. Hart, C. and D. Lukeš (eds) (2007) . Cognitive linguistics in critical discourse analysis: Application and theory [M] . Newcastle: Cambridge Scholars Press.

110. Hart, C, Critical Discourse Analysis and Cognitive Science: New Perspectives on Immigration Discourse [M] . Basingstoke: Palgrave Macmillan, 2010.

111. Hart, C. 2011. Legitimising assertions and the logico – rhetorical module: Evidence and epistemic vigilance in media discourse on immigration [J] . Discourse Studies 13 (6): 751 – 769.

112. Hart, C. 2011b. Moving beyond metaphor in the Cognitive Linguistic Approach to CDA: Construal operations in immigration discourse. Critical Discourse Studies in Context and Cognition. Amsterdam: John Benjamins, 171 – 192.

113. Hart, C. 2011a. Force – interactive patterns in immigration discourse: A cognitive linguisytic approach to CDA [J] . Discourse & Society 22 (3): 269 – 286.

114. Hart, C. 2013. Argumentation meets adapted cognition: Manipulation in media discourse on immigration [J] . Journal of Pragmatics 59: 200 – 209.

115. Hart, C. & Cap 2014a. Contemporary Critical Discourse Studies [C] . Bloomsbury. 2014

116. Hart, C. 2014b. Discourse Grammar and Ideology [M] . Bloomsbury. 2014.

117. Hunston, S. (2000a) . Editor's introduction. In S. Hunston and G. Thompson (eds), Evaluation in text: Authorial stance and the construction of discourse [J] . Oxford: Oxford University Press, 38 – 39.

118. Hunston, S. and G. Thompson (eds) (2000) . Evaluation in text: Authorial stance and the construction of discourse [M] . Oxford: Oxford University Press.

119. Kress, G. & Hodge, R. Language as Ideology [M] . London: Routledge&Kegan Paul, 1979.

120. Kress, G. Critical discourse anaylysis [J] . Annual review of applied linguistics, vol. 11, 1990.

121. Lakoff, G. (1987) . Women, fire, and dangerous things: What categories re-

veal about the mind［M］. Chicago：University of Chicago Press.

122. Lakoff, G. （1991）. Metaphor and war：The metaphor system used to justify the war in the gufl［J］. Journal of Urban and Cultural Studies 2：59 – 72.

123. Lakoff, G. （1993）. The contemporary theory of metaphor. In A. Ortony （ed.）, Metaphor and thought. 2nd edn［M］. Cambridge：Cambridge University Press, 202 – 251.

124. Lakoff, G. and M. Johnson （1980）. Metaphors we live by［M］. Chicago：University of Chicago Press.

125. Langacker, R. W. （1991）. Foundations of Cognitive Grammar, Vol. II：Descriptive application［M］. Stanford：Stanford University Press.

126. Langacker, R. W. （2002）. Concept, image, and symbol：The cognitive basis of grammar. 2nd edn［M］. Berlin：Mouton de Gruyter.

127. Langacker, R. W. （2008）. Cognitive grammar：A basic introduction［M］. Oxford：Oxford University Press.

128. Lemke, J, 2002. Ideology, intertextuality and the communication of science ［A］. In P. Fries, M. Cummings, D. Lockwood & W. Spruiell （eds）. Relations and Functions within and around Language［C］. London/New York：Continuum, 32 – 35.

129. Levinson, S. C. （1983）. Pragmatics［M］. Cambridge：Cambridge University Press. （2000）.

130. Lyons, J. （1977）. Semantics［M］. Cambridge：Cambridge University Press.

131. Maalej, Z. （2007）. Doing critical discourse analysis with the contemporarytheory of metaphor：Toward a discourse model of metaphor. In C. Hart and D. Lukeš （eds）, Cognitive linguistics in critical discourse analysis：Application and theory［C］. Newcastle：Cambridge Scholars Press, 132 –158.

132. Maillat, D. and S. Oswald （forthcoming） （2010）. Constraining context：A pragmatic account of cognitive manipulation. In C. Hart （ed.）［J］. Critical discourse studies in context and cognition.

133. Marmaridou, S. （2000）. Pragmatic meaning and cognition［M］. Amsterdam：John Benjamins.

134. Marchin, D& A. Mayr, 2012. How to Do Critical Discourse Analysis [M] . London: Sage Publications.

135. Monika B & C, Helen (2014) . Why do news values matter? Towards a new methodological framework for analyzing news discourse in critical discourse analysis and beyond [J] . Discourse& Society 25 (2): 135 – 158.

136. Mühlhäusler, P. (2001a) . Ecolinguistics, linguistic diverdity, ecological diversity. In L. Maffi (Ed), On Biocultural Diversity: Linking language, Knowledge, and the environment [M] . Washington, DC: Smithsonian Institution Press, 133 – 144.

137. Mühlhäusler, P. (2001b) . Talking about environmental issues. In A. Fill&P. Muhlhausler (Eds.) [C] . The Ecolinguistics Reader: Language, ecology and environment London & New York: Continuum: 31 – 42.

138. Mühlhäusler, P. (2003) . Language of Enviornment, Environment of language [M] . London: Battlebridge.

139. Neuberg, S. and C. Cottrell (2006) . Evolutionary bases of prejudices. In M. Schaller, J. Simpson and D. Kenrick (eds), Evolution and social psychology [M] . NewYork: Psychology Press, 163 – 187.

140. Nilsen. H. R. & M. B. Ellingsen, 2015. The power of environmental indifference: A critical discourse analysis of a collaboration of tourism firms [J] . Ecological Economics 109: 26 – 33.

141. Nuyts, J. (2001) . Epistemic modality, language, and conceptualization [M] . Amsterdam: John Benjamins.

142. Oakley, T. (2005) . Force – dynamic dimension of rhetorical effect. In B. Hampeand J. E. Grady (eds) . From perception to meaning: Image schemas in cognitive [J] . Discourse & Society 22, 56 – 59.

143. Obseng, S. G. 1997. Language and politics: Indirectness in political discourse [J] . Discourse & Society 8: 49 – 83.

144. O' Halloran, K. 2003. Critical discourse analysis and language cognition [M] . Edinburgh: Edinburgh University Press.

145. O' Halloran, K. 2005. Mystification and social agent absences: A critical discourse

analysis using evolutionary psychology [J] . Journal of Pragmatics 37 (12): 1945 –1964.

146. O' Halloran, K. (2007b) . Critical discourse analysis and the corpus – informed interpreta – tion of metaphor at the register level [J] . Applied Linguistics 28 (1): 1 –24.

147. Origgi, G. and D. Sperber (2000) . Evolution, communication and the proper function of language. In P. Carruthers and A. Chamberlain (eds), Evolution and the human mind: Modularity, language and meta – cognition [M] . Cambridge: Cambridge University Press. pp. 140 –169.

148. Palmer, F. (1986) . Mood and modality [M] . Cambridge: Cambridge University Press.

149. Palmer, F. (2003) . Modality in English: Theoretical, descriptive and typologicalissues. In R. Facchinetti, M. Krug and F. Palmer (eds) [J] , Modality in contemporary English. Berlin: Mouton de Gruyter, 1 –20.

150. Pennycook, A. Incommensurable discourses [J] . Applied Linguistics, 1994, 15 (2): 115 –137.

151. Reisigl, M. and R. Wodak (2001) . Discourse and discrimination: Rhetorics of racismand anti – Semitism [M] . London: Routledge.

152. Richardson, J. E. (2007) . Analysing newspapers: An approach from critical discourseanalysis [M] . Basingstoke: Palgrave Macmillan.

153. Saussure, F. 2001 Course in General Linguistics [M] . Beijing: Foreign Language Teaching and Research Press. Gerald Duckworth & Co. Ltd.

154. Saeed, J. I. (2003) . Semantics. 2nd edn [M] . Oxford: Blackwell.

155. Santa Ana, O. (1999) . "Like an animal I was treated": Anti – immigrant metaphorin US public discourse [J] . Discourse & Society 10 (2): 191 –224.

156. Schaller, M. , J. Faulkner, J. H. Park, S. L. Neuberg and D. T. Kenrick (2004) . Impressions of danger influence impressions of people: An evolutionary perspective on individual and collective cognition [J] . Journal of Cultural and Evolutionary Psychology 2: 231 –147.

157. Schaller, M. and S. Neuberg (2008) . Intergroup prejudices and intergroup con –

flicts. In C. Crawford and D. Krebs (eds), Foundations of evolutionary psychology [M] . Mahwah NJ: Lawrence Erlbaum Associates, 401 – 414.

158. Schaller, M. , J. H. Park and J. Faulkner (2003) . Prehistoric dangers and contemporary prejudices [J] . European Review of Social Psychology 14: 105 – 137.

159. Schmitt, D. P. (2008) . Evolutionary psychology research methods. In C. Crawford and D. Krebs (eds), Foundations of evolutionary psychology [M] . London: LawrenceErlbaum Associates, 215 – 238.

160. Searle, J. (1969) . Speech acts: An essay in the philosophy of language [M] . Cambridge: Cambridge University Press.

161. Semino, E. (2008) . Metaphor in discourse [M] . Cambridge: Cambridge University Press.

162. Simpson, P. Language, Ideology and Point of View [M] . London/New York: Routledge, 1993.

163. Solin, A. 2004 Intertextuality as mediation: On the analysis of intertextual relations in public discourse [J] . Text, 24 (2): 267 – 296.

164. Sperber, D. , F. Cara and V. Girotto (1995) . Relevance Theory explains the selection task [J] . Cognition 57: 31 – 95.

165. Sperber, D. and D. Wilson (1995) . Relevance: Communication and cognition. 2nd edn [M] . Cambridge, MA: Blackwell Publishers.

166. Stubbs, M. (1996) . Text and corpus analysis: Computer – assisted studies of language and culture [M] . Oxford: Blackwell.

167. Stubbs, M. (1997) . Whorf' s children: Critical comments on critical discourse ana – lysis (CDA) . In A. Ryan and A. Wray (eds), Evolving models of language [J] . Clevedon: British Association for Applied Linguistics, 100 – 116.

168. Stubbs, M. (2002) . Words and phrases: Corpus studies of lexical semantics [M] . Oxford: Blackwell Publishers.

169. Sweetser, E. (1990) . From etymology to pragmatics: Metaphorical and cultural aspects of semantic structure [M] . Cambridge: Cambridge University Press.

170. Talmy, L. (1988) . Force dynamics in language and cognition [J] . Cognitive

Science 12：49 – 100.

171. Talmy, L. （2000）. Toward a cognitive semantics ［M］. Cambridge, MA. MIT Press.

172. Talmy, L. （2006）. Foreword. In M. Gonzalez – Marquez, I. Mittelberg, S. Coulson and M. J. Spivey（eds）［J］. Methods in cognitive linguistics. Amsterdam：John Benjamins, 11 – 21.

173. Tendhal, M. and R. Gibbs（2008）. Complementary perspectives on metaphor：Cognitive linguistics and Relevance Theory ［J］. Journal of Pragmatics 40：1823 – 1864.

174. Thompson, G. and S. Hunston （2000）. Evaluation：An introduction. In S. Hunston and G. Thompson（eds）, Evaluation in text：Authorial stance and theconstruction of discourse ［M］. Oxford：Oxford University Press, 1 – 27.

175. Thompson, J. B. Ideology and Modern Culture ［M］. Cambridge：Polity Press, 1990.

176. Titscher, S. , Meyer, M. , Wodak, R. & Vetter, E. Methods of Text and Discourse Analysis ［M］. London/Thousand Oaks/New Delhi：SAGEPublications, 2000.

177. Ungerer, F. and H – J. Schmid （2006）. An introduction to cognitive linguistics, 2nd edn ［M］. London：Longman.

178. van Dijk, T. A. （1985）. Cognitive situation models in discourse production：The expression of ethnic situations in prejudiced discourse. In J. P. Forgas （eds）［M］. Language and social situations. New York：Springer, 61 – 79.

179. van Dijk, T. A. （1987）. Communicating racism：Ethnic prejudice in thought and talk ［M］. London：Sage.

180. van Dijk, T. A. （1988a）. News as discourse ［M］. Hillsdale, NJ：Erlbaum.

181. van Dijk, T. A. （1990）. Social cognition and discourse. In H. Giles and H. P. Robinson（eds） ［M］. Handbook of language and social psychology. New York：John Wiley, 163 – 183.

182. van Dijk, T. A. （1991）. Racism and the press ［M］. London：Routledge.

183. van Dijk, T. A. （1992）. Discourse and the denial of racism ［J］. Discourse & Society 3（1）：87 – 118.

184. van Dijk, T. A. （1993a）. Elite discourse and racism ［M］. London：Sage.

185. van Dijk, T. A. (1993b) . Principles of critical discourse analysis [M] . Discourse & Society 4 (2): 243 –89.

186. van Dijk, T. A. (1995) . Discourse analysis as ideology analysis. In C. Schäffner and A. I. Wenden (eds) [M] . Language and peace. Amsterdam: Harwood Academic Publishers, 17 – 36.

187. van Dijk, T. A. (1998) . Ideology: A multidisciplinary approach [M] . London: Sage.

188. van Dijk, T. A. (2000) . The reality of racism: On analyzing parliamentary debates onimmigration. In G. Zurstiege (ed.) [J] . Festschrift. Für die wirklichkeit. Wiesbaden: WestdeutscherVerlag, 211 –226.

189. van Dijk, T. A. (2000b) . On the analysis of parliamentary debates on immigration. In M. Reisigl and R. Wodak (eds), The semiotics of racism: Approaches tocritical discourse analysis [C] . Vienna: PassagenVerlag, 85 – 103.

190. van Dijk, T. A. (2001) . Critical discourse analysis. In D. Schiffrin, D. Tannen and H. E. Hamilton (eds) [J] . The handbook of discourse analysis. Oxford: Blackwell, 352 –71.

191. van Dijk, T. A. (2002) . Ideology: Political discourse and cognition. In P. Chilton andC. Schäffner (eds), Politics as text and talk: Analytic approaches to political discourse [C] . Amsterdam: John Benjamins, 203 – 238.

192. van Dijk, T. A. (2008) . Discourse and context: A socio – cognitive approach [M] . Cambridge: Cambridge University Press.

193. van Dijk, T. A. (2000b) . (2009) . Society and discourse: How social contexts influence text and talk [M] . Cambridge: Cambridge University Press.

194. van Dijk, T. A. 2012. Critical context studies [A] . In. H. Tian & P. Zhao (eds) . Critical Discourse Analysis: Essential Readings [C] . Tianjing: Nankai University Press, 263 –295.

195. Van Leeuwen, T. 2008. Discourse and Practice: New Tools for Critical Discourse Analysis [M] . Oxford: Oxford University Press.

196. Weiss, G. and R. Wodak (2003) . Introduction: Theory, interdisciplinarity and critical discourse analysis. In G. Weiss and R. Wodak (eds), Critical discourse analy-

sis: Theory and interdisciplinarity [J]. Basingstoke: Palgrave, 1 – 35.

197. Werth, P. (1999). Text worlds: Representing conceptual space in discourse [M]. Harlow: Longman.

198. Widdowson, H. G. Discourse analysis: A critical view [J]. Language and Literature, 1995a, 4 (3): 157 – 172.

199. Widdowson, H. G. The theory and practice of critical discourse analysis [J]. Applied Linguistics, 1998, 19 (1): 136 – 151.

200. Wilson, D. and D. Sperber (2004). Relevance Theory. In L. Horn and G. Ward (eds) [J]. Handbook of pragmatics. Oxford: Blackwell, 607 – 632.

201. Widdowson, H. G. (2000). On the limitations of linguistics applied [J]. Applied Linguistics, 21 (1): 3 – 25.

202. Widdowson, H. G. (2000). Critical practices: On representation and the interpretation of text [A]. In S. Sarangi & M. Coulthard (eds) [J]. Discourse and Social Life [C]. London. Pearson Education Limied, 155 – 169.

203. Wodak, R. (1999). The discursive construction of national identity [M]. Edinburgh: Edinburgh University Press.

204. Wodak, R. Language, Power and Ideology [C]. Amsterdam/Philadelphia: John Benjamins, 1989.

205. Wodak, R. (2001a). What is CDA about: A summary of its history, important concepts and its developments. In R. Wodak and M. Meyer (eds), Methods of criticaldiscourse analysis [J]. London: Sage, 1 – 13.

206. Wodak, R. (2001b). The discourse – historical approach. In R. Wodak and M. Meyer (eds), Methods of critical discourse analysis [J]. London: Sage, 63 – 94.

207. Wodak, R. (2006). Mediation between discourse and society: Assessing cognitiveapproaches in CDA [J]. Discourse Studies 8 (1): 179 – 190.

208. Wolf, H. G. and F. Polzenhagen (2003). Conceptual metaphor as ideological stylistic means: An exemplary analysis. In R. Dirven, R. Frank and M. Putz (eds), Cognitive models in language and thought: Ideology, metaphors and meanings [J]. Berlin: Mouton de Gruyter, 247 – 7.